D1664659

Patrick Lerpscher

Cartoons Jiří Slíva

BRATKARTOFFELBUCH

Prominente, professionelle und bürgerliche Verhältnisse zu einem bodenständigen Kulturgut

Garniert mit Kartoffelgeschichte, Warenkunde und Rezepten

Haut gern was in die Pfanne: Patrick Lerpscher (54), Allgäuer, Buchautor und Verhaltensforscher.
Hauen sich selbst tierisch gern in die Pfanne: Howdy (5), Leonberger x American Staffordshire Bullterrier-Rüde, und Sabah (1/3), türkische Herdenschutzhündin (Akbash).

Der Autor dankt dem Verleger Jo Graff, der auf seine Idee anbiß, seiner Frau Monika, die engagiert lektorierte, und den Teilnehmern an der Rezeptsammlung.

Inhalt

Bratkartoffel
Gratin
Rösti

Vorgebratenes

Bekenntnis zum Primitiven

Wie kann man nur über so etwas Primitives wie Bratkartoffeln schreiben! Über etwas, das Heinz Ehrhard und Franzosen als Pommes Fritz bezeichnen! Steht dieses teutonische Kulturgut etwa schon auf dem German Junk Food-Index wie Sauerkraut, Schnitzel, Eisbein und Konsorten? Offensichtlich.

Zumal die Herkunft des Wortes »braten« eine sehr germanische ist. Als Forscher will ich wissen, woher etwas kommt, konnte mir also einen ironisch abgeschmeckten Exkurs über das sprachliche Braten im Anhang »Nachtisch« nicht verkneifen.

Was wir jedoch heute mit »primitiv« verbinden, bedeutet unterste Schublade, kommt geistiger Unterernährung gleich, sollte jedoch an abgehangene Lateinstunden erinnern: primitivus – der erste seiner Art.

Es war einmal – ein Anspruch.

Nie im Leben dachte ich daran, ein Kochbuch den unendlich vielen anderen und vor allem den Lesern zuzufügen. Aber eines über Bratkartoffeln. Weil es bislang keines gab, und weil ich Artenschützer jeder aussterbenden Spezies bin. Mein primitiver Anspruch.

Wer – früher – über andere primitive Themen wie Motorräder und Extremreisen schrieb, heute über Tiere, dem nimmt man den Hang zum Primitiven locker ab. Dabei fing mein Bratkartoffel-Verhältnis ganz virtuell an: Ich surfte gerade gelangweilt in einem deutschen Online-Netz, las, daß da ein befreundeter Wildbiologe mit der Grußzeile »Rächer aller Seehunde« ganz unbiologisch nach einem Gratin-Rezept fragte – und natürlich Antworten aus allen vernetzten Ecken der Republik erhielt. Darunter auch das »Rezept« eines offensichtlich frustrierten Lehrers aus dem Rheinland, das nicht im nüchternen Zustand verfaßt sein konnte: mit 200 Knobi-Zehen und so. Primitive Rache am Lehrerkonvent mitsamt Schülern.

Irgend ein Teilnehmer fing dann an, verbissener über Bratkartoffeln zu räsonieren. Kann gut sein, daß ich es war. Kurzum: Es führte zu den wildesten Gerüch(t)en und Rezepten. Und zu meiner Bratkartoffelbuchidee, online geboren. Ich arbeitete daran erdig (Kartoffeln lesen und wieder stecken) und geistig (Konzept vor- und zubereiten, würzen, verbraten, abschmecken).

Als zeitgemäßer Mensch suchte ich noch via Computer-CD Bücherdateien ab, ob da nicht doch schon ein Verlag Bratkartoffeln gebucht hatte. Nein, niemand.

Ich suchte im Guide Michelin Deutschland nach einem virtuosen Berufskoch. Ich fürchtete, gehörig eins übergebraten zu bekommen, als ich ihm mein Ansinnen vortrug. Irrtum: »Finde ich gut. Was meinen Sie, was wir zu Hause essen?«

Dieses Bekenntnis, das er später wegen seines Imagekonflikts nicht schriftlich niederlegen wollte (deshalb bleibt der Name des Kochs diskret), war der Siedepunkt, der die Idee zum Kochen brachte.

So kam es zu diesem Buch, was als präventive Entschuldigung zu deuten ist. Ich lege aber Wert auf die Feststellung, daß ich nicht erst durch tägliche Promi-Koch-Opern aller TV-Kanäle auf die Idee kam, dem offensichtlich alle lifestyligen Deutschen nachgehen: an die Designer-Herde, ihr kreativen Manager! Jeder schlichte Anlaß konvertiert heute zum Event. Und nur eventuell ist es ein primitiver im besten Sinne.

Gut gegessen hatte ich schon früher. Was wirklich daran gut war, verstand ich freilich erst später. Mein im besten Verhaltensforscher-Slang erworbener Auslösemechanismus war eine selbstverordnete Reisereportage, die mich ins Piemont führte. Ich dachte dabei an private Barolo-Abfüllungen und holprige Schotterstraßen. Natürlich kam es anders. Eine Köchin namens Yvonne und ich stoppten unsere Motorräder in Costigliole d'Asti vor einem Bau, dessen Innenleben eher an eine bankrotte Sparkasse erinnerte als an ein Michelin-Zwei-Sterne-Restaurant. Auch der Name verhieß nichts Phantasievolles: *Guido*. Ein junger Mann, der sich abends als Juniorchef entpuppte, sah uns auf staubigen Maschinen. Ich fragte tapfer. Er antwortete mit derselben Einstellung. Wir erlebten bis zu den hausgemachten Pralinen und einem erstmals genossenen Arneis ein elegantes Fest. Einen abstoßend schlechten Eindruck können die natürlich ins Feine umgezogene Rockerbraut mitsamt Altrocker also nicht gemacht haben. Denn wir wurden für den Morgen in den Weinkeller eingeladen. Zu Espresso und – visuell – meinem Barolo.

Als Freund altchinesischer Kultur kochte ich zuerst für Vorkoster. Sie blieben jedoch Freunde. Der Beginn war schlicht: Zuppa alla Veneziana con Verze (venezianischer Wirsing-Eintopf). Dann verstieg ich mich in der Privatküche einer Zahnarztpraxis zu einer feudalen Pancetta di Maiale con Miele (gefüllter Schweinebauch mit Honigkruste). Der Bauch wurde zugenäht mit aseptischen Nadeln und Fäden aus jener zwölfköpfigen Dentisterei, die mich zuvor wochenlang malträtierte. Ich rächte mich, praxisgerecht, mit einem kalorienbombigen, Marsala-versoffenen Tiramisù.

Andere, vorerst letzte Baustelle: Agnolotti con Luccio (also selbstgemachte Teigtäschchen mit Hechtfüllung). Es ging perfekt daneben, denn ich war erkältet und das Menue folgerichtig verschnupft. Die Kinder der Bekochten beleidigten zudem meine Mühen, weil sie nach Pommes frittes krächzten. Echt primitiv!

Doch es kam noch schlimmer.

Während ich erhitzt dieses Menue erarbeitete, briet sich mein australischer Besuch, enger Freund und genialer Motorradtechniker, in *meiner* Wohnung *seine* Bratkartoffeln! Als gebürtiger Berliner mußte er seinen Senf dazugeben: »Zu Bratkartoffeln brauche ich kein Verhältnis. Die mache ich lieber selber« (siehe »Spezielle« unter den Rezepten).

Was blieb mir anderes übrig, als auszuwandern. Aufs Land. Ich fing wieder ganz von unten an.

Der Forscher geht immer ans Eingemachte. Ich ging mit meinen Nachbarn hinaus auf deren Kartoffelackerstreifen (kanadische Farmer nennen diese Größenordnung »Teppich«), beugte mich unter Protest meiner Rückenwirbel-Verkrümmung und las die Früchte meiner späten landwirtschaftlichen Erkenntnisse auf. Zum Ende der kriechenden Leidenschaft, die Leiden schafft, kannte ich jede Kartoffel beim Vornamen. Als ich wieder aufrecht stehen konnte und zusammen mit den Jutesäcken als alter Sack auf dem Anhänger des Traktors heimtransportiert wurde, empfand ich zuerst Mitleid mit mir, später so etwas wie Ehrfurcht vor einer Bodenständigkeit, die gehörig in die Knochen geht. Eine primitive Idee, unter modernen Leiden ausgegraben.

Man muß das nicht tun, um ein Verhältnis zu Bratkartoffeln herzustellen. Wer einfach keine Lust hat, selber zu bratkartoffeln, findet im »Nachtisch« eine Auswahl von 27 sehr rustikalen bis edlen oder künstlerischen Landgasthöfen, größtenteils mit der Referenz von *Der Feinschmecker.* Aus »Cotta's kulinarischem Almanach« von 1995/96, von Starkoch Vincent Klink herausgegeben, las ich die Geschichte über ein gewisses »Schröder's Hotel« zu Schwarzenbek, beziehungsweise über die Bratkartoffeln dieses Gasthauses.

Ich rief diesen Bratkartoffel-Tempel taktlos zur Stoßzeit an und erhielt von den Eheleuten Schröder ergiebig Auskunft, und zwar in einer Art, wie sie in Deutschland freundlicher kaum noch serviert wird. Zur Geschichte dieses Hauses nur so viel: Die Großmutter war in Hamburg als leibhaftige Tante Emma bekannt. Sie kaufte 1861 von keinem Geringeren als Fürst Bismarck »Haus, Land und Gesträuch« ab. Und seitdem ist »Schröder's« den Schröders. Der Nachwuchs steht schon in der Küche. Das Ambiente der Zwanziger Jahre – vor allem in der Kutscherstube – hielt sich ebenso wie die Liebe zu Bratkartoffeln. Eine der Spezialitäten: Grützwurst (ohne Rosinen) mit B. und Apfelmus. Grützwurst stammt vom Schwein (Schwarten und Blut). Aber es kommt auf die Klasse der Sau an.

Ich habe in Edel-Restaurants gespeist, bei den guten Routiers auf französischen Landstraßen, bin an der Küste Senegals mit Fischen belohnt worden. Ich lernte die südchinesische wie die komplette europäische Küche schätzen. Von der nordamerikanischen schreibe ich hier lieber nicht. Doch immer, wenn ich aus der Wildnis nach Hause kam, gelüstete es mich nach knackigen Bratkartoffeln. Weil ich zu müde zum Selbermachen war, suchte ich in Land- oder Stadtgasthäusern danach. Die Antworten auf meine Sehnsüchte waren so kategorisch wie dialektisch: Na, gibt's neet, hemmer net, hamm wa nich, jibbs nich, nixe gebrate Potatos hier, esse Pommes!

Lieber fastete ich als fast zu fooden.

Von Puristen zu Pooristen.

In Deutschland gilt eine Speise, an denen Kartoffeln beteiligt sind – in welcher Form auch immer – nach wie vor als Armeleuteessen. Rührt daher auch die armselige Beteiligung gutsituierter Prominenter aus Film und Fernsehen an diesem Bekenntnisbuch? Bis auf zwei appetitliche Ausnahmen: Veronica Ferres und Lisa Fitz. Für den vergleichsweise gutsituierten Indonesier Sri Muilato sind Kartoffeln dagegen etwas Besonders. Nicht, daß er sie seinem Reis grundsätzlich vorzöge. Aber Kartoffeln nehmen dort den Stellenwert ein, den bei uns etwa Basmati-Reis hat.

Im Ursprungsland droht die Bratkartoffel jedoch auszusterben! Wenn Sie so wollen, ist dieses Buch der Versuch eines kulinarischen Artenschutzes: Rettet die Bratkartoffel! Also sammelte ich Rezepte von Verwandten und Bekannten und dachte mir welche aus. Es wurden 42: von Spezialisten, braven und weniger braven Bürgern, Prominenten und Profis.

Natürlich kommen auch Vegetarier mit 16 Rezeptvorschlägen auf ihre Kosten. Daraus erhellt, daß Bratkartoffeln auch die Hauptsache sein können und sich andere Beilagen unterordnen. Da ich ein persönliches Verhältnis zu B. habe, gab ich den Rezepten Namen. Nur das letzte, bitte, ist als Satire zu verstehen. Wer die »British Open« dennoch ißt, ist sati(e)risch.

Eines werden Sie vergeblich suchen: Farbaufnahmen wie in jedem Kochbuch. Aber dies ist eben kein übliches. Kartoffeln, auch vielseitig gebratene, sind hinlänglich bekannt. Die Cartoons des Tschechen Jíří Slíva treffen das Thema erheblich besser.

Prominente bekannten sich hier erstmals zu ihren Bratkartoffel-Verhältnissen. Schließlich erreicht man nur durch das Verbraten von Fettigem den erforderlichen populären Kultstatus, den auch die Bratkartoffel zu grausigen Zeiten des internationalen Junkfoodismus verdient. Außerdem nimmt man Promis ernst, von Bratkartoffeln mag das niemand behaupten.

Bratkartoffel Spezial !
BK3

Das heiße Thema polarisierte die Befragten: Die einen dachten sich: »So'n Scheiß!«, ein Teil davon ließ aber diplomatisch absagen: »aus Zeitmangel«. Manche sparten sich den »Mangel«. Die anderen reagierten amüsiert wie Günter Jauch, der aber dazu ausrichten ließ, er gebe grundsätzlich keine Statements ab. Appetizer gefällig? Der schnellste Antworter war Wolf von Lojewski, ZDF-Moderator von *heute journal*. Er nahm sich zwei Minuten Zeit für ein paar Lojewski-typische Zeilen und faxte sie mir zu. Die SPD-Politikerin Heide Simonis diktierte nicht nur ihr Rezept, sondern einen Witz zum Thema. Typisch Simonis. Ihr CDU-Kollege aus Sachsen, Kurt Biedenkopf, legte seiner Antwort das Rezept seiner Frau bei und bat um ein Buchexemplar. Kabarettist Dieter Hildebrandt glaubte, daß ich seine Aussage nicht verwerten könne, weil er »nicht bei Biolek kochen gelernt habe«. Wenn das keine Aussage ist!

Schauspielerin Veronica Ferres konnte professionelle Abstammung nachweisen. Ihre Eltern sind Kartoffelhändler und der Vater gar als Bratkartoffelkönig des Rheinlands bekannt (siehe Rezept unter »Prominente«).

Zeit-Gourmet-Kritiker Wolfram Siebeck schickte mir eine sehr geschmackvolle Ansichtskarte aus seinem französischen Domizil. Auf meine Frage, was er von der Idee eines Bratkartoffelbuches halte, antwortete er lakonisch wie süffisant: »Zu Ihren Bratkartoffeln fällt mir wenig ein. Versuchen Sie es doch einmal bei einem Landwirtschaftsministerium oder in Brüssel. Die Bauernlobby ist mächtig!« Vor zwei

Jahren noch urteilte er über die Frage »Wie wird gekocht am deutschen Herd?«: »Ich finde sogar Bratkartoffeln ganz delikat, wenn sie nicht so unbekömmlich wären.«

Ich lasse antworten – den Physiker Georg Christoph Lichtenberg: »Das Gefühl von Gesundheit erwirbt man sich nur durch Krankheit.«

Ein anderer Gourmet und Gastro-Kritiker, Gert von Paczensky, nahm sich gerade eine Fasten-Auszeit. Sie sei ihm vergönnt, und, das kommt davon, wenn man ständig auf höchstem Niveau essen muß.

Mehr Internas im Kapitel »Gespaltene Verhältnisse zur B.«, quasi ein Vorwort zu den Rezepten.

Und wehe, ich entdecke auch nur einen der verschämt-schweigenden Gastro-Hohepriester, klammheimlich mit vorgeschobenen Armen in einem Landgasthof seine Bratkartoffeln verspeisen! Ich setzte mich zu ihm und verbriete ihm ein Geschwätz über erlauchte Abgehobenheit. Rühmliche Ausnahme: Eckart Witzigmann. Er nahm teil.

Und wie!

In diesem Buch offenbaren sich also viele Bratkartoffel-Verhältnisse, womit in Nachkriegszeiten ein ungeziemendes zwischenmenschliches gemeint war. Das heißt heute anders. Siehe eingestreute Aussagen. Das nennen Werber, Politiker, Journalisten und andere sehr moderne Leute heute »Statements«.

Nur die betroffenen Kartoffeln wurden nicht nach ihren Persönlichkeitsrechten gefragt. Wie immer in solchen Ab-Fällen.

Patrick Lerpscher, 1999

Pa-ta-tas
fri-tas?
Pizarro
Atawalpa

Kartoffelgeschichte

Kulturbanausen

Die dümmsten Bauern ernten die größten Kartoffeln? Auch so ein dummer Spruch von Pommes vertilgenden Städtern. Ein Allgäuer Kartoffel(an)bauer stärkte jedoch den Wahrheitsgehalt, rein fachlich: Bauern meinten, je größer die Kartoffeln, desto besser. Aber nur für die Industrieküchen, weil die Köche zu faul seien, kleine zu schälen.

Und wer von den gebildeten Lesern würde die Inkas als dumm bezeichnen? Niemand. Eben. Und die Inkas waren Bauern.

Als wir noch nicht mal Krautfresser waren, dehnten diese Hochandenbauern aus dem heutigen Peru ihren Lebensraum auf über 3000 Meter Höhe aus, also oberhalb der Maisgrenze. Sie pflegten etwa 3000 Sorten. Zum Vergleich: Die deutsche Agrarindustrie protzt heute damit, 160 Sorten zu genehmigen.

Diese Hochkulturvölker bauten Kartoffeln schon in vorchristlicher Zeit an, archäologisch nachweisbar. Für die Südamerikanologen unter uns: seit der Mochica- und Nazca-Periode.

Hochmodern waren sie auch, unserer Trockenfutter-Technik voraus: Die Kartoffel galt den Andenbauern als Konserve. Dazu setzten sie die Frucht mehrere Wochen lang tagsüber der Sonne und nachts dem Frost aus.

Zu dieser opulenten Vielfalt nehmen sich selbst die 50 verschiedenen Süßkartoffeln der Papuas bescheiden aus, ganz zu schweigen von den paar Sorten, die wir hierzulande vom Biobauern bis zum Supermarkt vorfinden.

1526 lernte der spanische, gewalttätige Eroberer Francisco Pizzaro die Inkas und deren Kartoffel kennen. Die Inkas versuchte er auszurotten. Immerhin brachte er die Kartoffel nach Europa. Das wenigstens sei ihm verziehen.

Die Kartoffel machte sich auf den Weg von Spanien ins Burgund. Noch im 16. Jahrhundert soll sie vom Orden der Barfüßer-Mönche in Italien eingeführt worden sein. 1621 kam die Kartoffel nach Deutschland – zunächst als Zierpflanze.

Man muß sie verachtet haben, in Europa. Sie hatte es schwer mit ihrer Reputation. Hartnäckig wie Unkraut brachten Seefahrer immer wieder diese fremde Errungenschaft nach Hause, mehrere Male nach Irland und England.

Und was machten die Engländer aus der starken Frucht der Inkas? Matched Potatoes! Oder gar Chips! Jene vor Salz gekrümmten Scheibchen, die nicht nur sprachlich mit den High-Tech-Produkten in unseren Computern verwandt sein müssen.

Erst zwei Jahrhunderte später fand die Kartoffel ihre Anerkennung in den führenden herrschaftlichen Küchen. Zu Zeiten des feudalen Ludwig des XIV. galt sie als Delikatesse. Meist aber zierte die Pflanze herrschaftliche Gärten. Die Entzückten wußten nicht, daß man sie essen kann und nicht nur angucken. Bis kurz vor der französischen Revolution war sie dennoch weitgehend unbekannt, dem gemeinen Volk gar fremd. Erst die Hungersnöte (auch die von den Engländern erzwungene in Irland) kurz vor Ende des 17. Jahrhunderts brachte Franzosen darauf, Kartoffeln anzubauen. Jene zum Essen.

Die Deutschen brauchten nicht nur für ihre Revolution länger, auch die Kartoffel wurde später als bei den damals verfeindeten wie beneideten Nachbarn (ein ursächlicher Zusammenhang?) auf heimischen Acker eingepflanzt. Typisch Preusse: Friedrich der Große befahl es – in Schlesien und Pommern. Leider aßen die ersten Untertanen das Falsche: die Blätter. Und starben daran. Daher die Pommes frittes als fruchtbare Verballhornung des Namens Fritz?

Das einzige, was unsere Kinder noch von der Hochkultur der Mayas wissen, ist eine zufällig gleichnamige Biene.

Im Ernst: Wir kamen spät auf die Knolle. Aber wir machten das Beste daraus: Bratkartoffeln.

Auch typisch deutsch.

Zum aktuellen Kulturbanausentum: Wer in fremden Ländern nur heimische Kost verzehrt, sollte besser nicht reisen. Wie weit aber diese Gaumenängste gehen, entdeckte ich, als ich für den »Nachtisch« genannten Anhang (»Fremdwörter, s. Bratkartoffeln«) fremde Entsprechungen für das teutonische Wort Bratkartoffel suchte – und fand. Eben das, was eine kleinstädtische Buchhandlung so an Wörterbüchern hergibt.

Pommes
Frites
Bratkartoffeln

Selbst in den Bikini-Ausführungen war in polnisch, russisch, griechisch, portugiesisch und bei anderen südeuropäischen Büchlein das Stichwort »Bratkartoffel« übersetzt. Als ob es dort nichts Eigenes, nichts Besseres gäbe.

So weit sind wir also gekommen.

Heide Simonis, SPD-Politikerin:

»Ich gestehe hier und heute: Seit ich in Schleswig-Holstein lebe und arbeite, habe ich ein Bratkartoffel-Verhältnis – ein intensives Verhältnis zu Bratkartoffeln. Bratkartoffeln gehören in die norddeutsche Küche wie der Raps auf die Felder dieses Landes im Mai.
Bei Bratkartoffeln fällt mir immer wieder der Witz ein, in dem ein Bauer drei Pfadfinder am Wegesrand kochen sieht. Freundlich spricht er sie an und fragt, was sie denn da kochen.
Der erste: Weiß noch nicht so recht. Wenn es dünn wird, dann wird's Kartoffelsuppe.
Der zweite: Wenn's dicker wird, wird es Kartoffelbrei.
Der dritte: Wenn's anbrennt, dann werden es Bratkartoffeln.
Zu dieser Art von Bratkartoffeln habe ich allerdings kein Verhältnis.«

Sorten, Saaten, Anbau, Ernte, Nährstoffe

Aber Feste

Keene Bolle vor der Knolle – hier grabe ich nur das Wichtigste aus, was über die Kartoffel zu sagen wäre. Denn es gibt eine Unmenge an Kartoffelbüchern, in denen gar alles über diese Knolle steht. Die Kartoffel ist – rein biologisch geordnet – ein Gemüse. Aber was ist heute nicht alles fruchtbar. Furchtbar sind dagegen manche gesundheits-hysterische Unterstellungen von Ernährungswissenschaftlern, die sich alle Tage subversive Erkenntnisse einfallen lassen, um unsere Lebenserwartungen zu verkürzen. Ihre Bedenken hauen wir in die Pfanne. Zum Gedenken stellen wir ein Stövchen auf.

Der Erdapfel aus der Familie der Nachtschattengewächse (solanaceae), kann sich auf eine ganz noble, ja geradezu haute-gourmetische Nomenklatura berufen. Wie bei allen Adeligen darf man aber nicht zu genau nachforschen: Das so germanisch anmutende Wort Kartoffel (lateinisch: solanum tuberosum) wurde fälschlich aus dem italienischen tartufo (Trüffel) gezogen. Die Trüffel sieht aber nur aus wie eine süße kleine Kartoffel, ist jedoch ein Pilz.

Insofern ist mein anfängliches Bekenntnis zum Primitiven eindeutig ad absurdum geführt. Wer das Volksnahrungsmittel Kartoffel schon im Keim als bäuerisch abtut, den bezichtige ich fortan des Nahrungs-Rassismus, ohne Bodenhaftung.

Die
Kartoffelwelt

Zur Sache, Knöllchen: Die Sorten werden nach ihrer Reifezeit eingeteilt in Vorkeimsorten (Frühkartoffeln, die teilweise vorgekeimt werden), in frühe oder neue, mittelfrühe, mittelspäte und späte Sorten (Herbstkartoffeln). Vorkeimsorten sind die heimische Antwort auf Importkartoffeln. Der Prozeß des Vorkeimens ist jedoch aufwendig.

Eine zweite Ordnung bezeichnet nach der Verwendung: in Speise- und in Wirtschaftskartoffeln, die letzteren für Pommes und Chips. In Westeuropa werden normalerweise gelb-fleischige Speisekartoffeln mit geringem bis mittlerem Stärkegehalt bevorzugt. Wirtschaftskartoffeln sind stärkereicher und fanden früher unter anderem in Nutztieren ihre Abnehmer. Heute kriegen die meisten Säue keine Kartoffeln mehr.

Uns unbekanntere Knollen sind die Süßkartoffel (Batate), die von ihrer mittel- und südamerikanischen Heimat nach Westafrika, Indonesien, China und Japan auswanderte, die Yamsbohne oder -wurzel, die ihre Karriere in Mittelamerika begann und von den Spaniern rund um den Erdball verbreitet wurde. Die Yucca (Maniok, Kassave), ebenfalls ein Kind Mittel- und Südamerikas, ist Hauptnahrungsmittel in vielen Ländern Afrikas – und beliebtes Viehfutter. Diese Knolle heißt auch Schwiegermutterpflanze (sie enthält das giftige Glykosid Linamarin), hat eine milde Verwandte: bei dieser genügt es, die Schale zu entfernen. Dann ist sie genießbar.

Und dann ist da noch die Topinambur. Aus ihr wird im Schwarzwald (wo sonst?) auch ein Schnaps gezogen, beziehungsweise gebrannt. Daran erkennen Sie, was aus einer Kartoffel alles werden kann.

Die frühen (neuen) Kartoffeln reifen bereits nach rund 80 bis 100 Tagen und werden von Juni (sehr frühe Sorten) bis Mitte September (bei mittelfrühen) geerntet.

Zu den »vorwiegend« und zu den »ausschließlich festkochenden« Sorten komme ich ein paar Zeilen weiter noch ausführlich. Womit nur die Konsistenz gemeint ist, denn sie müssen als spätere Bratkartoffeln nicht kochen.

Kartoffeln muß man erst begreifen. Ich wollte Handfestes wissen und machte mich nicht nur durch einschlägige Bücher kundig. Ich vertraue lieber einem Landmann, also einem Exil-Allgäuer, der mit Kartoffelarbeit aufgewachsen ist, sich nach der Pensionierung als Verwalter des Landesgestüts Marbach den Kartoffeln leidenschaftlich widmet und darüber Vorträge hält. Ich hielt mich also an Willy Haggenmüller und seine Kenntnisse, obwohl wir beim ersten Gespräch mehr über Pferde und Menschen geredet haben – in dieser Reihenfolge.

Ein paar seiner Leitsätze – zu Kartoffeln – gebe ich vor dem Fachgespräch zum Besten:

- Kartoffeln zu essen ist für viele Leute gleichbedeutend mit Armeleuteessen.
- Die meisten Leute orientieren sich immer noch am alten »Ideal« der besonders stärkehaltigen, mehligen Kartoffel.
- Je größer die Kartoffel, um so weniger Geschmack.
- Großküchen hingegen bevorzugen große Kartoffeln, weil sie weniger Schälarbeit bedeuten.

- Die Tendenz geht zu festkochenden, also zu Salat- und damit auch Bratkartoffelsorten.
- Frühkartoffeln sollten im November gegessen sein.
- Zwei Faktoren bestimmen die Qualität: der Anbauer und derjenige, der sie kocht, und vor allem, zu welchem Zweck.

Worauf soll ein Supermarktkäufer achten, wenn er Kartoffeln kauft? Welches sind die richtigen Kartoffelsorten dafür? Wie sieht sie überhaupt aus, die Bratkartoffel in spe?

Fragen, die nur ein Kartoffelkenner beantworten kann.

Bratkartoffel-Fachgespräch

? Herr Haggenmüller, woran erkennt der Laie eine Kartoffelsorte, die zum Braten geeignet ist?

! An der länglichen Form als Salatkartoffelsorte. Also festkochende. Als Scheiben fallen sie nicht, wie die mehligen, zusammen. Jeder vernünftige Verkäufer zeichnet die Sorten in »festkochend«, »vorwiegend festkochend« und »mehlig« aus. An der Farbe kann man sie nicht mehr erkennen, auch nicht mehr an der rauhen Schale wie früher. Grobe Schalen sind inzwischen auch bei der Aula rausgezüchtet worden. Es gibt fast nur noch glatte Schalen.

? Welche Sorten empfehlen Sie?
! Ich zähle sie mal nach der Reifezeit – von früh bis spät – auf: Atica, Cilena, Sieglinde, Exquisa (geschmacklich die beste Salatkartoffel, aber sie fällt durch die Schälmaschinen der Großküchen), Nicola, Selma und Granola (mit dem geringsten Stärkegehalt der Spätkartoffeln).

? Geht die Tendenz eher zu frühen Sorten als zu späten?
! Ja, weil die meisten Menschen keine Kartoffelkeller mehr haben, um sie selbst lagern zu können. Sie müssen in 5-kg-Gebinden kaufen. Also kommen Frühkartoffeln aus Nordafrika, Zypern oder Sizilien vom März bis Mai auf den Markt. Deutsche Frühkartoffeln von Juni bis August.

? Was empfehlen Sie einem Käufer, der gezwungen ist, im Supermarkt zu wählen? Was soll er vermeiden?
! Immer auf die Etikettierung schauen und kritisch sein. Man kann nur das Aussehen auf Schalenfestigkeit und auf Grünflecken beurteilen. Hängt die Schale oder ist sie verletzt – liegen lassen.

? Welche Krankheiten können diese Sorten befallen und wie erkennt sie der Laie?
! Selbst der Experte kann Krankheiten nicht erkennen. Die ansonsten sehr gute Quarta hat manchmal rote Punkte oder Flecken im Inneren. Das ist ein für Menschen unschädliches Virus. Aber viele schrecken davor zurück. Kartoffelkauf ist Vertrauenssache.

? Umstritten ist, mit oder ohne Schale essen, kochen oder roh in die Pfanne? Wonach urteilen Sie?
! Eine dünne Schale eignet sich besser für das Braten im rohen Zustand.

? Soll man sie langsam oder flott erhitzen?
! Langsam kochen oder braten. Das erhält den Geschmack und die Vitamine. Wie bei allem Eßbaren.

? Was halten Sie von genmanipulierten Kartoffeln?
! Nichts. In Deutschland gibt es 160 Kartoffelsorten. Da brauchen wir keine neuen. Nur, wenn man eine Resistenz zum Beispiel gegen Krautfäule damit erzielen kann – gut. Ich frage mich, was ungesünder ist: viermal spritzen oder genmanipulieren?

? Wie finden Sie Pommes aus der Frittenbude?
! Nicht gut.

? Sollen wir die letzte Frage streichen?
! Ja.

(Wir entschieden uns, sie rhetorisch zu behandeln.)

Biokartoffel
24 Karat

Damit andere Sorten nicht beleidigt sind, zähle ich die meisten in Deutschland erhältlichen Kartoffelsorten auf – ohne Gewähr. In der Reihenfolge von sehr früh bis mittelfrüh, mit einem * versehen sind ausschließlich festkochende:

Sehr frühe Sorten: Akula, Atica*, Berber, Christa, Gloria, Hela, Karatop, Leyla, Rosara, Ukama.

Frühe: Arnika, Cilena*, Cinja, Forelle*, Karat, Rikea, Sieglinde.

Mittelfrühe: Agria, Exquisa*, Grandifolia, Granola, Hansa*, Koretta, Linda*, Liu, Nicola*, Quarta*, Roxy, Secura, Selma*, Solina.

Die später geernteten Sorten werden je nach Erntezeit immer mehliger, sind also weniger bis ungeeignet für Bratkartoffeln.

Zu Importkartoffeln: Wenn ab Februar die Neuen aus dem Mittelmeerraum hier angeboten werden, sind die schrumpfeligen heimischen Alten nicht mehr gefragt. Doch im Ausland werden die Sorten anders benannt, sind also ein ganz anderer Typ als die deutschen.

In unseren Breiten gedeiht die Knolle – wie auch im Ursprungsgebiet der Zentralanden – auch in Hochlagen, obwohl sie frostempfindlich ist. Die Kartoffel mag kühles und feuchtes Klima, aber keine sauren Böden. Sie wächst zwar auch in sandigen, sauren Böden, liefert aber die bessere Qualität auf lockeren mit geregeltem Wasserhaushalt. Sie verträgt keinen naß-gestauten, schweren oder tonigen Boden. Aber kalkigen, durch sauren Dünger (schwefelsaures Ammoniak) angereicherten. Meist werden die Kartoffeln mit Stickstoff, Kali und Phosphorsäure gedüngt. Stallmist deckt diesen Bedarf. Willy Haggenmüller betont: »Nur bei starker Gülle-Düngung ist der Kali-Gehalt gesichert. Kali ist gleich Geschmack. Aber die Kartoffel mag kein Chlor. Patent-Kali ist da besser.«

Die Frühkartoffeln werden vorwiegend im Treibhaus in hellen Räumen bei 10 bis 15 °C vorgekeimt und nach Bildung der Keime ausgepflanzt.

Die Knollen werden meist im April im gelockerten Boden eingesetzt. Früher geschah diese Heidenarbeit per Hand, heute kommod mit Vielzweckmaschinen wie Lege-, Pflanzloch-, oder/und Zudeckgeräten. Ein Furchenzieher bekämpft zum Beispiel das Unkraut zwischen den Setzreihen. Die Reife tritt einige Tage nach dem Absterben des Krautes ein – wenn die Schale fest wird. Eine zu frühe Ernte ist schlecht für Ertrag, Stärkegehalt und Haltbarkeit.

Auch die Lese übernehmen heute meist faszinierende Alles-in-einem-Geräte. Doch Kartoffeln auf kleineren Äckern – meist für den Eigenverbrauch – müssen noch persönlich ans Licht befördert werden. Da krümmt sich frühzeitig und schweratmtig, was geerntet werden will.

Die Kartoffeln sollten in gut durchlüfteten, gleichmäßig temperierten (3 bis 5 °C) Kellern gelagert werden (in Kisten auf Latten oder auf Lattenrosten). Wird es den Kartoffeln zu warm, keimen sie aus.

Kartoffeln aus kontrolliertem ökologischen Anbau sind nicht so wäßrig und länger haltbar als jene Knollen, die mit Mineraldünger gezogen und mit Pflanzenschutzmitteln behandelt wurden. Vom guten Geschmack mal ganz abgesehen.

Doch selbst Kartoffeln sind von Gefahren (Krankheiten) nicht verschont. Schon beim Anbau können Pilze, Bakterien und Viren, auch manche Tierarten, die Kartoffel schädigen. Zu den Krankheiten zählen Eisenfleckigkeit, Kindelbildung, Knöllchensucht, viröse wie Propfen, pilzparasitäre wie Bakterienfäule, Welke oder Dürrflecken. Der größte Feind der Kartoffel ist ein äußerlich possierlicher – der Kartoffelkäfer.

Über den wahren Wert der Kartoffel schrieben manche Menschen wertloses Zeug. Was wurde ihr nicht alles angedichtet: Viehfutter, Armeleutefressen, Dickmacher. Sie wird ihre Kritiker stopfen. Es sind wahrhaftige Vitaminknollen, auch nach dem Garen und Braten. Mit einem halben Pfund Kartoffeln (drei bis vier Stück) hat der Esser drei Viertel seiner benötigten täglichen Vitamin-C-Ration intus.

Dazu deckt eine solche Kartoffelportion den für den Stoffwechsel aus Kohlenhydraten und Eiweiß lebenswichtigen Vitamin-B-Haushalt. Genauer: die 250-Gramm-Ration an Kartoffeln ist mit durchschnittlich 18 Prozent B_1 und 28 Prozent B_6 des Tagesbedarfs bestückt.

Kartoffeln sind auch bei Sportlern auf dem Plan, weil sich hier Mineralstoffe mit Kohlenhydraten (Stärke) treffen. Der hohe Gehalt an Kalium macht Muckis munter. Die angenommene Portion liefert bereits die Hälfte des Tagesbedarfs. Dazu kommen je (ungefähr) 17 Prozent des täglich erforderlichen Magnesiums für Zähne und Knochen und Eisen für Blutbildung. Natrium nehmen wir ohnehin oft zuviel auf. In der Kartoffel steckt aber erfreulicherweise wenig drin.

Mineralien
& Vitamine
H_2O
Eiweiß
Fett
Balast
Kohlenhydrat
1
2
3
4
5
6

Eine Kartoffel enthält:
77,8 Prozent Wasser
15,4 Prozent Kohlenhydrate
2,5 Prozent Faser-/Ballaststoffe
2,1 Prozent Mineralien und Vitamine
1,8 Prozent Eiweiß
und nur 0,1 Prozent Fett.

Werte, die nur Ernährungswissenschaftler berechnen. Für uns unhysterische Normalverwerter gilt: Die Kartoffel ist auch im festen und gebratenem Zustand eine Pracht-Knolle, ernährt sinnvoll und macht nicht dick, prinzipiell. Dickmacher sind nur dicke Soßen. Aber wer weicht schon knackige Bratkartoffeln ein? Sie schwimmen nur in fettlebigen Gegenden wie Schwaben und Böhmen in schweren Soßen. In Norddeutschland legt sich dagegen meist ein Fisch zu den Kartoffeln. Da freuen sich alle lebendigen Beteiligten.

Apropos »Viehfutter«: Nicht nur Schweine, auch Hunde und Katzen mögen Kartoffeln. Denn sie wissen, was sie gern fressen. Und ein Schwein, das Kartoffeln statt Fischmehl zum Fressen bekam, schmeckt auch – wie früher. So kommt eins wieder zum anderen.

Hervorragende Tiernasen sind Indikatoren für das Gute. Wildsäue begnügen sich zum Ärger der Bauern damit, deren Kartoffeläcker unentgeltlich zu ernten. Gebildete Hausschweine bevorzugen jedoch Trüffeln. Fest steht, daß sich trüffelsuchende Sauen durch den Sexuallockstoff (Pheromon) des Ebers stimulieren lassen, der aus diesem Luxuspilz strömt. Sie verdanken diese Wahrnehmung dem Jakobsonschen Organ. Nun fanden Berliner Wissenschaftler heraus, daß auch beim Menschen eine ähnliche Sinnesstruktur vorhanden ist. Nicht gesichert ist, ob der magische Duft – als preiswerter Ersatz von Viagra – Wildmenschen anzieht, wenn sie von unluxuriösen Kartoffeln naschen. (Näheres auf denSeiten 89 und 103.)

Ist Qualität vom Luxusimage abhängig? Nicht am Äußeren, nicht an der porenreinen Schale sollt ihr sie erkennen, die Qualität. Doch die Kartoffelkonsumverhältnisse, die sind heute so. Greifen die Leute heute zum perfekt lackierten Apfel oder urteilen sie nach Geschmack? Sehen Sie: Es ist nur ein kurzer Weg vom Kurzschluß im Glauben von reinem Äußeren zu den wirklichen inneren Werten, dem Geschmack.

Eine Kartoffel ist eine Kartoffel ist eine Kartoffel? Ganz entschieden: Jein. Ist es nicht eine Kunst, auch im Billigen Qualität zu suchen und gar im Supermarkt zu finden? Beim Biobauern kann jeder einkaufen, der den Weg zum Ziel nicht scheut. Ich rechtfertige die relativ hohen Preise allein damit, daß der Ausschuß ein viel höherer ist als bei der Massenware. Mag sein, daß allein das gewissenhafte Einbilden von höherer Qualität den Gang zum Biobauern rechtfertigt. Warum soll ich ausgerechnet bei Grundnahrungsmitteln geistig unternährt handeln?

Warum darf gutes Essen nichts kosten? Warum nicht gleich einen Wochenlohn? Wir legen doch bei Möbeln und Kleidern ungeheuren Wert auf Luxus? Bloß, weil wir dies nicht essen können? Wir erkennen nicht mehr das Große im Kleinen. Verteidigen wir schon die ertastbare und die äußerliche Schönheit zugunsten der Qualität, bloß, weil unser Geschmacksempfinden versaut ist? Würde die rustikale Kartoffel mehr geschätzt, wenn sie teurer wäre? Wie zum Beispiel weiße Trüffeln?

Denken Sie etwa nach? Riechen Sie den pseudogourmetphilosophiekritischen Braten? Hm, fein! Dann ist das Bewußtsein zum wirklich Primitiven angerichtet. Sie sind reif für diese Knolle. Frei nach Brecht und Reich-Ranicki: Theorie zu, alle Pfannen offen.

An die Herde, Bratkartoffelhelden und -innen!

Wolf von Lojewski, Buchautor und »ZDF heute journal«-Moderator:

»Unter den vielen Feldern und Gebieten, von denen ich nichts verstehe, nimmt das Kochen und Braten einen führenden Rang ein. Und nun zur Bratkartoffel ... Im Prinzip traue ich mir schon zu, so etwas zu gestalten. Ich weiß aber, daß es viel Arbeit macht, und deshalb lasse ich es lieber. Man muß die Kartoffel zuerst schälen, dann kochen – oder umgekehrt – und danach auch noch braten. Von irgendwelchen Verfeinerungen wie dem Zwiebelschälen wollen wir erst gar nicht reden. Dies alles nimmt viel Zeit und Geduld in Anspruch, und hinterher schauen einen ein schmutziger Topf und eine schmutzige Bratpfanne vorwurfsvoll an. Daher mein Instinkt, die Sache lieber einem/einer anderen zu überlassen. Das wenigstens ist mir bislang ganz gut gelungen.«

Ausrüstung

Drinnen und draußen

It's hushbrownie-time, sagt der Cowboy im amerikanisierten Bürohengst, wenn er Bratkartoffeln riecht. Höchste Zeit für ein Ich-will-raus-hier aus dem home office, den Hintern stundenlang am Computer und im Konferenzsessel wundgeritten, und das nicht nur virtuell.

Sie können es ganz einfach machen, wie in der Fernseh- oder Kinowerbung. Denn dort wird uns ja täglich vorgegaukelt, wie das richtige Leben so funktioniert: Das Pferd dampft, weil sie von Holzgerlingen mal eben rüber nach Böblingen geritten sind und nun Kohldampf schieben, im Sonnenuntergang zwischen den Hochleitungsmasten, oder so ähnlich, marlboromäßig. Wir haben verstanden?

Das Leben draußen geht anders, mit Arbeit, mit dem selbstgefangenen Fisch über selbstgemachtem Feuer. Dazu brauchen Sie nur ein gescheites Feuer, viele trockene Holzscheite, viel Geduld mit Kumpeln, die alles besser wissen, und einen passenden großen Topf oder eine ebensolche Pfanne.

Aber es gibt heute nicht nur eine Gußeiserne. Es gibt Hunderte von Pfannen.

Sehen Sie: Deshalb dieses sehr bratkartoffelspezifische Kapitel.

Draußen

Die Gußeiserne ist vollromantisch, und sie ist echt. Einen Riesentopf brauchen Sie auch zum Kartoffelkochen, wenn sie den Umweg über weiche Kartoffeln wählen. Originell ist es höchstens, wenn sich rohe Jungs gegenseitig (rohe Kartoffeln) in die Pfanne hauen. Und wenn Weicheier wegen des nachlassenden Bisses nicht anders wollen: Der Weichkochkessel muß nicht aus Jack London-Kupfer sein. Doch im Winter, wenn es schneit, ist es umweltfreundlich, den zarten Schnee zu schmelzen und kein chlorgeklärtes Wasser zu verbrauchen.

Schlaue Outdoor-Köche haben sowieso immer einen Kartoffelstecher dabei. Und ein gescheites Schälmesser. Ein schlichtes, zu dem man keine Betriebsanleitung studieren muß. Ein Bowieknife tut's zur Not auch. Macht mächtig was her, wie Sie mit dem Riesending kleine Häutchen von der heißen Kartoffel abzupfen.

Es sei denn, man schält mit pferdeschweiß-getränkten Zureithandschuhen. Das Cowboyleben ist halt saumäßig hart. Da muß man als feierabendwilder Bratkartoffelfreak durch.

Hella von Sinnen, Entertainerin:

»Mein Verhältnis zu Bratkartoffeln ist zu intim, als daß ich es in Ihrem Büchlein ausplaudern möchte.«

Drinnen

Ich halte es hier mit der SPD-Politikerin Heide Simonis, siehe auch Promi-Rezept: »Wir kochen doch nicht im Weltall!«

Und weil die geständige Bratkartoffelin sich für den richtigen Anlaß Zeit nimmt: Bratkartoffeln sind kein Schnellgericht.

Wer außer Bratkartoffeln nichts anbrennen läßt, aber just und stets dabei, der muß – wie ich – mit dem Handicap der beschichteten Pfanne leben.

Für den Rest der gußeisernen Fans gilt – wie immer bei den einfachen Dingen: Zeit, Sorgfältigkeit und höchste Konzentration. Daher geht nichts über eine Gußeiserne.

Und dazu einen bodenschonenden Wender. Klassisch, wie wir nun mal als harte Bratkartoffelfraktion sind, am besten einen aus Holz. Nehmen Sie doch einfach den von Ihrer Wok-Ausrüstung.

Mit diesem fernöstlichen Hinweis erlaube ich ausnahmslos auch die Verwendung der gewölbten gußeisernen Variante unserer flachen Pfanne, des Woks. Der aber hat den Nachteil, daß man große Kartoffelscheiben schlecht gleichmäßig anbraten und wenden kann.

Entscheidungs-Freiheit, die ich Ihrem handwerklichen Talent überlasse. Ein Wok bringt das heute so geschätzte internationale Flair in die German Junk-Food-Küche.

Gerade in einem unbeschichteten Wok kann's leicht anbrennen. Wir sollten Bratkartoffeln nie mit Braunkohlescheibchen verwechseln.

Eine gute Pfanne zu bekommen ist eine Lebensaufgabe, es sei denn, Ihre Mutter gibt ihre ab. Der Boden ist bei billigen Pfannen oft zu dünn. Folge: langsam aber sicher wölbt sich der Boden, als ob er sich gegen Hitze wehren wollte. Eine billige Pfanne ist rausgeschmissenes Geld, eine seriöse, ob beschichtet oder gußeisern, ist dagegen ihren Aufpreis wert. Da haben auch Ihre Erben etwas davon. Beschichtungen sind nicht gesundheitsschädlich, wie einmal vermutet.

Im Vergleich dazu ist ein Kartoffelstecher spottbillig, aber nützlich und krankenkassenkostengünstig, weil ohne diese Hilfe heiße Kartoffeln so schnell wie eine Kobra zubeißen. Das Fallenlassen auf den Fußboden ist nur eine ärgerliche Spätfolge im Vergleich zu verbrannten Fingerkuppen.

Ein kurzes Messer der echt primitiven Art, wenn die nahrhafte oder verdächtigte Schale schon entfernt werden soll, taugt für Technikfeindliche immer noch besser als ein High Tech-Multifunktions-Automat. Die Kartoffeln müssen ja nicht seziert, nur geschält werden.

Heulen vor Wut können Sie noch genug – beim Zwiebelschneiden.

Wenn Sie Ihre Kartoffeln kochen wollen, können Sie ganz normale Töpfe nehmen wie für alles andere. Noch gibt es keine speziellen Bratkartoffel-Töpfe. Aber das kommt auch noch.

Für hektische Junggesellen gilt: Die Kartoffeln sollten nicht schon hier braten! Nicht so voreilig, Jungs!

Dies ist kein blind date!

Grüß
Wok

Pfannen-Urteil

Im Namen des heißen Fettes: Bratkartoffel-geeignete Pfannen müssen große Hitze vertragen können. Ich empfehle eine Bodenstärke von mindestens fünf Millimeter. Am besten sind Gußeisenpfannen. Wer jedoch ständig etwas anbrennen läßt, wer nicht bescheuert scheuert, dem seien beschichtete aus Aluguß oder Stahl verziehen. Vor allem, weil man mit ihnen schonend garen, dünsten und – braten kann.

In einem Amateurkochleben dauert es etwas länger, bis man die Richtige gefunden hat. Eine billige Pfanne ist doppelt so teuer, denn die werfen Sie bald auf den Sondermüll und kaufen doch eine gute. Sparen Sie also nicht – wie ich anfangs – an der Qualität. Nur ein solider Boden hält auf Dauer Hitze aus und läßt die Pfanne topfeben.

Ich verweise hier auf das Stiftung Warentest-Magazin »Test« vom Oktober 1998, in der beschichtete Pfannen geprüft wurden, unter der bezeichnenden Überschrift »Mit beschränkter Haftung«.

Mehr Werkzeug brauchen Sie nicht.

Lisa Fitz, Sängerin und Kabarettistin:

»Ich esse Bratkartoffeln gern – sie erinnern an Bodenständigkeit (und daran, daß man auf dem Boden bleiben soll), an Mami, Oma und Essen ohne modernes schlechtes Gewissen.«

Zutaten

Alles, was recht ist

Muß ich hier noch erwähnen, daß billige, lieblos erwählte Zutaten nicht Essen genannt werden können, sondern Futter, Fraß? Gut, wir haben uns wieder mal glänzend verstanden. Denn die Qualität der Zutaten entscheidet über die Qualität des Mahls.

Zutaten? Es sind Schritte, ja Taten! Untaten wären es, würde man beliebige Kartoffeln, Zwiebeln, Pfeffer in der Blechdose und so weiter in den Warenkorb schmeißen. So achtlos wie ihren Inhalt.

Mir macht das Planen, das Auswählen, das sorgfältige Abwägen und das Entscheiden beim Einkaufen Spaß. Hier fangen die Qualität und der Geschmack an. Ich rieche mich gerne durch Markthallen. Auf dem Land bin ich freilich vom zeitgenüßlichen Geist abgeschnitten. Da bieten die Marktleiter nur an, was umgesetzt wird. Landvolk kocht immer noch nach dem ängstlichen Motto: Was der Bauer nicht kennt, (fr)ißt er nicht. Dank appetitanregender Fernseh-Kochsendungen setzt sich auch in Kleinstädten das kulinarische Abenteuer durch – bedächtig.

Doch beim Einkaufen kann man sich jene Zeit nehmen, die über Genuß und bewußtloses Verschlingen entscheidet. Üben Sie mal Genuß im Verzicht. Etwa auf Gewohntes. Lassen Sie dem Rest an Phantasie, den Ihnen unsere »rastlose Zeit« noch übrigläßt, freien Lauf. Die Zeit ist nicht schuld.

Ein von Populär-Fernseh-Köchen abgeschriebenes Menue meine ich damit nicht. Ihre Phantasie ist gefragt, nicht die der anderen!

Warum heischen wir alle (ich auch) nach den Rezepturen anderer? Weil wir uns nicht mehr trauen, selbst schöpferisch zu denken. Ich traue mich hier nicht, den abgelederten Allerweltsbegriff »kreativ« zu verwenden. Aber wenn Sie es nicht anders gewöhnt sind: Gut, seien Sie kreativ. Schöpfen Sie aus dem überflüssigen Angebot der Lebensmittel. Trainieren Sie zuerst Ihre Sinne, damit Sie überhaupt entdecken.

Würden meine Hunde mit ihrer phänomenalen Riechleistung meinen eingeschränkten Essensgeschmack übernehmen (was sie partout nicht tun; ihnen steht nach ihren Bedürfnissen), dann würde ich schon am Eingang eines Lebensmittelgeschäftes wissen, was ich will, und vor allem – was nicht. Also bin ich trotz meiner abgestumpften Industriemenschensinne auf das Wenige angewiesen, das ich sehe, und vielleicht sogar rieche. Das Tasten (zeitgeistige Menschen bezeichnen dies als Hapting) kostet uns Überwindung. Selbst das können nicht mehr viele: sie verwechseln Tasten, Berühren mit Antatschen bis Zerquetschen.

Die Beschaffenheit der Schale, die Festigkeit (wenn es beliebt), die Struktur der Oberfläche, die Farben (hoffentlich echte) und auch der Geruch sind erste Qualitätsmerkmale und damit erste Entscheidungshilfen. Wer bewußt wählt, entscheidet über Wohl und Wehe seines Gerichts.

Zu den Waren selbst, als da wären:

Gewürze und Kräuter

Nicht die Üppigkeit des häuslichen Regals entscheidet, sondern das Verzichten auf Übertünchendes. Gewürze zu kaufen ist keine Kunst. Aber sie angemessen zu verwenden, das ist heute eher die Kunst des Verzichtens. Hier kommt es auf unsere verbliebene Restriechleistung an. Und auf Gewohnheiten.

Kennen Sie auch diese armen Menschen, die zuerst salzen und pfeffern, was die Büchse hergibt, und dann erst kosten? Von wegen kosten: sie müssen ihr versalzenes Zeug selber (fr)essen. Schlechte üble Angewohnheit. Reduzieren Sie Ihre zur Selbstverständlichkeit gewordene Gewohnheit und beleben Sie Ihre Gewürz-Sensibilität neu.

Zu Bratkartoffeln gehören nicht nur Salz und Pfeffer verschiedener Sorten, sondern – je nach Beilagen und Vorliebe – Kümmel, Muskat, Thymian, Rosmarin, Petersilie, Knoblauch, Paprika etc.

Ich bin in der feinen Lage, Knoblauch stilecht zu beziehen: Ein Freund bringt mir regelmäßig davon aus seiner neuen Heimat mit, den Karpaten. Er (der Knoblauch) ist tatsächlich milder als all das, was Sie jetzt mit Dracula verbinden.

Für alle Gewürze und Kräuter gilt der Rat, der selbst im schlechtesten Kochbuch steht: frisch sticht konserviert, immer und überall.

Ein Wort zu den Zwiebeln, jenem bei Bratkartoffeln unausrott- und unverzichtbaren Gemüse, das bei ungehobelter Zubereitung einen unrühmlichen Palast der Winde verursacht.

Sie können sie bäuerlich (feiner ausgedrückt: rustikal) schneiden, also grob, wobei die Geschmacksentwicklung höchstens im Gaumen stattfindet; vor allem aber dort, wo ich es gerade angedeutet habe. Oder sie können die Zwiebel zu feinerer Entfaltung kleinwürfeln.

Haben Sie mal daran gedacht, sie nicht nur fast anzubrennen? Sondern mindestens eine Viertelstunde in Butter oder Öl zu dünsten, damit sie gemächlicher braun werden?

Haben Sie schon mal Wolfram Siebecks Zwiebeltötung probiert? Er empfahl in seiner *Zeit*-Magazin-Kolumne, Zwiebeln in etwas Wein (weiß) zu dünsten, damit sie nicht mehr so nach Zwiebeln schmecken.

Probieren Sie diese darmwürdige Variante mal.

Wollen Sie dazu meine Meinung ungefragt wissen? Warum läßt er die Zwiebeln nicht einfach weg, wenn er ihren Geschmack und ihre vokalistischen Auswirkungen beweint? Was würde Martin Luther dazu sagen?

Zwiebeln ihres gehörigen Geschmacks zu berauben ist, um im Genre zu bleiben, so daneben wie ein Fisch, der Fahrrad fährt.

Eckart Witzigmann, Deutschlands berühmtester Koch, nun auf Mallorca:

»Es besteht weder Grund noch Anlaß, über das Thema »Bratkartoffeln« pikiert zu sein.«

Öle und Fette

Ein elementares Thema, wie aus dem Titel erhellt. Und dabei mögen sich die Profis der feinen, professionellen Küche abwenden: Hier werden ausdrücklich und ausgelassen Fette aus dem ernährungswissenschaftlichen Grab geholt – wie tierische Fette. Ausnahmsweise und nur hier: Gänsefett, Schweineschmalz.

Um den Aufschrei des gesundheitshysterischen Volkes zum Verstummen zu bringen: Es kommt auf die Menge und Verarbeitung der verpönten Dinge an, die man zu sich nimmt. Nicht das Prinzip ist schlecht, nur die Dosis.

Freilich nur jene Qualität, die vom bekannten Bauern und Viehzüchter stammt. Der fette Unterschied liegt selbst noch darin, wie und mit was das Vieh gefüttert wurde.

Fett ist zweifelsfrei ein herausragender Geschmacksträger. Doch entscheidend sind die Qualität und die Zusammensetzung, nicht die Menge. Gerade bei Bratkartoffeln bestimmt das Fett die Richtung des Geschmacks.

Sparen können Sie, wenn Sie den Wok verwenden, oder die Hälfte essen. Oder nicht an der Qualität sparen, wohl aber an der Quantität. Nur mal so als Anregung.

Sie können leicht den Geschmack Ihres Lieblingsbratkartoffelrezeptes verändern, indem Sie – nur ein Beispiel – es mit Rosmarinöl versuchen.

Über Öle ist so viel (Diffuses und Widersprüchliches) geschrieben und untersucht und wieder dementiert worden, daß ich es mir und Ihnen einfach mache: Wir sind es, die es im Magen tragen, wir verdauen, wir dürfen noch entscheiden, was wir für gesund und köstlich betrachten und was nicht.

Daß ich kaltgepreßtes Olivenöl, manchmal Distelöl, aber niemals Sonnenblumenöl verwende, ist eine persönliche Entscheidung. Soja bekommen nicht mal meine Hunde. Denn in Hundenahrung kenne ich mich aus.

Und wenn auf einer tollen Flasche eine »italienische Herkunft« aufgedruckt ist, so möge das wahr sein. Möge. Ich kann auch lesen, etwa, daß spanische Olivenbauern fleißig nach Italien liefern.

Das Thema ist zu heiß und zu unvergoren, als daß ich mich hier in Ratschläge oder gar Empfehlungen ergieße. Ich hoffe auf einen möglichst unbearbeiteten Produktionsprozeß. Was jedoch ist heute noch »unbearbeitet«?

Ich wende mich lieber einem Gebot zu, das für den weiteren Prozeß bedeutend sein kann: Öle und Fette dürfen nicht verbrennen. Oder empfehle eine Kooperation: Öl und Butter können zusammenarbeiten und lassen schneller braun werden.

Zubereitung

Zeit-Schnitte

Wissen wir, warum wir verbraten? Journalisten, Politiker, Manager verbraten Verkrustetes und genießen Erhitztes. Obwohl sie meist mit Wasser kochen. Was ist jedoch »braten«, ernährungstechnisch gesehen? Das Genießbarmachen durch Erhitzen, meist mit Fett. Durch die Hitze bildet sich auf der Oberfläche eine braune Kruste aus verdauungsfördernden Röstsubstanzen, der Saft konzentriert sich nach innen, und nur geringe Teile des Saftes und Fettes gehen verloren. Dieser Vorgang bezieht sich ausnahmslos auf Eßbares. Die sprachliche Definition lesen Sie bitte im »Nachtisch« unter »Etymologie«.

Wir braten nicht gern lau, würde Herbert Wehner im Küchen-Parlament gesagt haben. Entscheidungen sind überall gefragt. Auch beim Kochen.

Je dicker die Scheiben sind, desto länger brauchen sie Zeit zum Garen. Geben Sie den Kartoffeln und sich diese Zeit. Das Knusprigwerden kann dann zum Schluß durch ein Erhitzen auf kurzzeitig höchste Stufe beschleunigt werden. Also umgekehrt wie bei einem Braten, wenn Sie ihm zuerst die Bräunung verschaffen wollen.

Vorher gekochte Kartoffeln, die dann auch noch in dünnen Scheiben in die Pfanne gelegt werden, benötigen natürlich kürzere Zeit zum Knusprigwerden.

In jedem Fall ist die erste Machart die bessere, weil sich das Fett langsam erhitzt.

Aber wer schreibt uns ohnehin ausgeglichenen Bratkartoffelfans vor, nicht den idealen Kompromiß zu suchen? Also: Halbgar kochen und dann braten.

Sich Zeit zu nehmen, ist auch bei Bratkartoffeln wichtig. Die SPD-Politikerin Heide Simonis, fix mit Kopf und Zunge, so kornklar bringt sie es auf den Punkt: Bratkartoffeln sind kein Schnellgericht.

Nebenbei: Warum hatten ausgerechnet und öffentlich kontrollierbar beide der angeschriebenen Politiker – neben Frau Simonis auch Kurt Biedenkopf – für so etwas Profanes wie Bratkartoffeln Zeit? Weil sie Lust dazu hatten und sich die paar Minuten Zeit nahmen.

Hektik ist nicht mit Schnelligkeit zu verwechseln, Aktionisten bringen deshalb notwendigerweise noch lange kein Ergebnis zustande. Wer in der Küche hetzt, verbrennt mehr als nur das Gericht.

Schnell kann man mit erlernbarer handwerklicher Fertigkeit und bei der Organisation der Abläufe sein. Aber nicht bei der Behandlung der Lebensmittel, die man schließlich genießen und nicht verschlingen will. Das macht den Unterschied zwischen Ernähren und Genießen.

Wer schnellkocht, übt Hektik. Bloß, weil er zu spät auf den Gedanken des Essenmüssens kam. Er hat das Lebenswichtige schlecht organisiert. Manche Berufsaktionisten machen das jeden Tag. Doch die Kochprofis lassen die gekochten Kartoffeln langsam abkühlen, bevor sie gebraten werden. Siehe »Professionelle« unter den Rezepten.

Was soll die Entdeckung der Langsamkeit ausgerechnet bei Bratkartoffeln? Und ausgerechnet von mir, einem trainierten Schnellarbeiter? Ich bringe mich und Sie dadurch zum Nachdenken und besonnenen Handeln.

Und wenn es über das Hilfsmittel Bratkartoffel ist.

Da wir fast alle keine professionellen Köche sind, müssen wir besser planen, besser vorbereiten, um sorgfältig Zeit für das Wichtige zu sparen.

Kochen ist ein ideales Training für die Kunst der Arbeitsvorbereitung. Berufsköche müssen deshalb optimale Organisatoren sein. Sie werden sich beim Kartoffelschälen deshalb nicht dabei erwischen lassen, daß sie jeder Kartoffel ein persönliches Gedicht aufsagen oder ihnen gar Vornamen geben. Der Zeitdruck der geschäftstüchtigen Köche läßt dies nicht zu. Wer aber Routine nicht mit Unlust verwechselt, legt ein faires Resultat auf den Teller des Gastes.

Das Essenmachenmüssen verdirbt mit der Zeit die Lust am Kochen. Eine Mutter, die jeden Tag für die nörgelnde Familie kochen muß, kann sich nicht abends ein zauberhaftes Menue abringen. Genausowenig, wie man jeden Tag Bratkartoffeln will und macht.

Die Abwechslung ist ein Produkt aus Phantasie und Angebot. Zeit zum Nachdenken.

Schnitt.

Sie können ein wenig philosophieren, wenn Sie Kartoffeln schälen oder sich zum gleichmäßigen Schneiden fordern. Konzentration am scheinbar wertlosen Objekt, am beinahe buddhistischen Nichts. Ich meine hier nicht den krankhaft Peniblen, der die Schnittbreite mit der Schieblehre mißt, sondern den, der in Ruhe eines ums andere tut.

Hektik, weil das Öl in der Pfanne schon verbrennt, bringt nur Schnitte in den Finger. Es gibt diese Tage, wo nichts gelingt, und es gibt jene, an denen ein Nichts gelingt.

Wie breit Sie die Kartoffeln schneiden, ist die Freiheit, die wir noch genießen. Das erkennen Sie aus der Bandbreite der Rezepte. Es kommt darauf an, mit welcher Einstellung Sie Essen zubereiten.

Muß ich noch bemerken, daß mit innerer Ruhe am meisten Zeit gespart wird?

Diese gelassene Konzentration läßt sich überall verwirklichen, wenn Sie sich Zeit nehmen. Die Ausrede: »Ich habe keine Zeit«, ist die denkbar blödeste. Bis jetzt gilt immer noch: Jeder Tag hat 24 Stunden, nicht mehr, nicht weniger.

Seien Sie erfrischend ehrlich zu sich und sagen Sie: Ich nehme mir dazu Zeit. Diese Weisheit können Sie nach dem Bratkartoffel-Training dann auch bei Menschen anwenden, für die Sie sich Zeit nehmen.

Schnell und gut arbeitet nur der, der langsam anfängt. Und wenn es nur eine heiße Kartoffel ist.

Apropos heiß: Manche mögen es gerne zu schnell zu heiß. Zumindest ist das schlecht beim Kochen. Ich langweile hier absichtlich durch Wiederholung – zum Mitdenken: Schnelligkeit ist handwerkliche

Tao (Allgäu)
Yang
Ying

Fertigkeit und Organisation. Hetze ist nur unkontrollierte Aktion. Wenn ich ein trendy Esoteriker wäre, würde ich Ihnen jetzt einen modernen Happen hinwerfen, à la Zen im Kochen, oder ähnlich. Von Trödeln ist jedoch nicht die Rede. Dazu kommt der Appetit zu oft unverhofft.

Ich weiß: es wird so oft von Geduld gepredigt. Der Geschmack entwickelt sich besser, wenn man Software (Öle und Fette) und die Hardware (Kartoffeln und alles andere hauptsächlich Feste) zu schnell erhitzt. So ist es richtig, weil geschmackvoller: Die Pfanne mit dem Fett durchaus erhöht aufheizen, aber früher, als Sie dachten, die Hitze wieder auf mittlere Stufe herunternehmen. Dann erst die Hardware hinein. So entwickelt die reduzierte Hitze nicht die Gefahr des Anbrennens, der Geschmack wird nicht vorzeitig verbrannt.

Die zwei Minuten an längerer Bratdauer sind sinnvoll investiert.

Dicke Scheiben müssen länger garen, kleine Schnitte – gerade bei Zwiebeln oder anderem Gemüse – entfalten ihren Geschmack schneller. Aber nur, wenn die Hitze des Fettes ebenfalls ihre Zeit bekommt. Auch hier bestimmt der Faktor Zeit die Qualität oder das Unglück.

Sehr privates Bekenntnis: Diese scheinheilige und trotzdem sinnvolle Philosophie kommt ausgerechnet von einem, der immer noch zu schnell ißt und dabei das Genießen verschlingt. Aber beim Schreiben dieser Sprüche wie aus dem Management-Diary dachte ich wenigstens über meine Fehler nach – ein paar Minuten.

Diese Gedanken stehen wohl in wenigen Kochbüchern. Aber dies ist eben kein normales.

Schale oder nicht Schale? Das ist schon eher eine Frage. Wenn Sie sich über die hochwertige Herkunft der Kartoffeln im Klaren sind, ist nicht nur unter der Schale der wahre Nährwert versteckt. Warum also wegschneiden? Wenn Sie zu denjenigen gehören, die bis auf das Elementare alles wegschneiden, haben sie nur Ihrem Reinlichkeitsempfinden nachgegeben. Ich verwerte vieles, habe mich aber tüchtig und lange gewehrt gegen das, was über das Gemüseputzen und Schälen von allem, was eine Schale hat, hinausgeht. Eine Kartoffelschale ist meines Erachtens zu schade, um achtlos weggeworfen zu werden. Wir reden hier nicht über Pell- oder Salzkartoffeln.

Ich überlasse Ihnen das Urteil über die Schale. Nur eine insistierende und manipulierende Frage: Können Sie sich einen Bratapfel oder eine über offenem Feuer geröstete Kartoffel ohne Schale vorstellen, ein kerniges Bauernbrot ohne Kruste?

Erde ist natürlicher als Hausstaub.

Wenn ich Geschmacks-Phantasie empfohlen habe, gehört dazu auch das Experimentieren.

Sie können auch Kartoffeln »flambieren«.

Schock!

Ich meine damit nicht, daß Sie die Bratkartoffeln in Likör ersäufen und dann abfackeln sollen. Sondern: Die Bratkartoffeln zur Hälfte des Bratvorgangs mit – ich betone – nur einem Schüßchen Whisk(e)y, Kirschwasser, indonesischem Sojasirup oder anderen geschmacksintensiven Flüssigkeiten beträufeln.

Der Alkohol verdunstet sofort. Der exotische Geschmack bleibt. So können Sie Ihre ausländischen Freunde anmachen. Die Bratkartoffeln werden auf ihrem Prozeß zum Verkrusten nur kurzzeitig mit einem exotischen Aroma verführt. Um dann tief durchgeatmet exotisch weiter krusten zu dürfen. Wichtig dabei ist nur, daß Sie den Urgeschmack der Bratkartoffel nicht täuschen.

Dazu möchten natürlich die übrigen Zutaten passen. Kombinieren Sie den beiliegenden Fisch oder die Grillfleischreste mit dem passenden Aroma. Oder mit Obst. Fruchtige Äpfel wie Boskop, Berlepsch oder Braeburn in die Erdäpfel kurz vor Ende der Bratzeit hineinzuschnetzeln ist eine harmonische, weil verwandte Komposition.

Der Rest an Phantasie liegt im Verborgenen: Gucken Sie doch mal in den Kühlschrank, was vom Tage übrigblieb.

Eckart Witzigmann, Sternekoch, nun auf Mallorca:

»Man kann auch aus einer einfachen Kartoffel mit bester Qualität, einer Messerspitze Liebe zum Kochen, sowie einer Prise Phantasie ein wertvolles und tolles Gericht erster Klasse zubereiten.«

Beilagen

Phantasie, bitte!

Gemüse zu Gemüse? Karotten, al dente gegart, an Erdäpfel? Paßt! Lauch auch. Spargeln mögen ihre erdigen Nachbarn.

Gleich gibt's was Saures! Wer bei sauren Kutteln aus deutscher Küche schaudert, aber diese im Elsaß als Delikatesse empfindet, möge seine feine Nase am falschen Essig oder Wein festmachen.

Für mich sind saure Kutteln erfreulicherweise kein Alltagsessen, sonst würde mir bald sauer aufstoßen. Es soll was Besonderes sein. Und saure Kutteln, die so fürchterlich sauer nicht sind, sind eine ganz vorzügliche Beilage zu Bratkartoffeln.

Etwas Reinlichkeit ist aber angebracht. Kutteln werden von guten Metzgern schon fein säuberlich auf ihre Größe zurechtgeschnitten.

Ein Spezialrezept: **Saure Kutteln**

Von Mo Graff, Innenarchitektin, Autorin und Lektorin; sie lernte die Kutteln in der Bretagne schätzen. Seit Kindertagen hat sie auch eine enge Beziehung zu den Erdäpfeln, denn auf Omas Acker durfte vom Kartoffelkäfer absammeln über das Ernten bis zum Kartoffelfeuer (mit den ersten »Brat«-Kartoffeln) jeder mithelfen.
So manche Kuttel hat sie sich mit ihrem Hund Max (ein Appenzeller) geteilt. Bratkartoffeln mag Max natürlich auch.

Zutaten:
400 g vorgekochte Kutteln (evtl. beim Metzger vorbestellen)
2 Zwiebeln
je 1 EL Öl und Butter
1/2 l Rinderbrühe (möglichst selbst zubereitet, gut gewürzt)
1/8 l – oder mehr – Trollinger oder Lemberger aus Württemberg
1 Lorbeerblatt
2 Nelken
einige Wacholderbeeren
Weinessig
Salz und frisch gemahlener Pfeffer
leicht geschlagene süße Sahne oder Crème fraîche

Vorbereitung:
Kutteln waschen, trocknen und feinstreifig schneiden. Zwiebeln fein würfeln.

Zubereitung:
Fett erhitzen, Zwiebeln darin glasig schwitzen. Kuttelstreifen zugeben, kurz anbraten, mit Brühe aufgießen, den Wein der Wahl zugießen und die Aromate einlegen. Deckel auflegen und die Kutteln bei geringer Hitzezufuhr ca. 50 Minuten köcheln. Sollte die Sauce zu stark einkochen, noch etwas Wein zugießen. Mit Weinessig, Salz und Pfeffer abschmecken, vorsichtig die Sahne oder die etwas verquirlte Crème fraîche unterziehen. Die Kutteln in kleine Terrinen oder in Suppenteller schöpfen. Bratkartoffeln separat dazu servieren: Die vorgekochten Kartoffelrädle langsam in einer Mischung aus Schweine- und Gänsefett (oder Griebenschmalz) mit sehr fein gehackter Zwiebel in einer gußeisernen Pfanne knusprig braten. Salzen und wenig pfeffern und mit frisch gezupften Majoranblättchen bestreuen.

Zeit:
20 Minuten plus Kochzeit

Nachtrag zum Rezept *Saure Kutteln*:

Je nach Lust und Laune wandert auch manchmal ein geraspelter Apfel, eine fein gescheibelte Karotte oder eine fein geschnittene Rippe Staudensellerie in das Kuttelgericht. Gesäuert wird dann mit einem Riesling und wenig Apfelsaft. Vor dem Servieren mit fein geschnittenem Frühlingszwiebelgrün bestreuen.

Weitere Beilagen

Im Grunde paßt fast alles, was nicht gerade süß ist und was dem derben, ehrlichen Charakter der Bratkartoffel entspricht. Nur bitte keine Nudeln (in altbackenen Vollfreßhaushalten noch üblich). Eine Auswahl:

Tzatziki
Salate aller Phantasien
Krabben und alle anderen Varietäten von Schaltieren
Fische, auch Matjes
Fleisch (z.B. Zwiebelfleisch) und *Wurst*
Sülzen (siehe zum Beispiel »Tafelspitz-Sülze«, Seite 67)
Chili con carne
Ratatouille
Pilze wie Pfifferlinge oder Maronen
Bibeliskäs (siehe Seite 68; früher wurden mit dem trockenen Quark die Küken gefüttert. Bei Badenern sind dies Bibeli.)

Reservé für
Bratkartoffeln

Weitere mögliche Beilage:

Lecsó (»Letschö« gesprochen, eine Paprikasoße, siehe »Ungarische« unter den Rezepten)

Eine frühere ungarische Freundin machte mir diesen natürlichen Blutstauer. Seitdem weiß ich, daß die ungarischen Männer keinen chemischen Potenzhammer benötigen. Und fertig ist die erotische ungarisch-deutsche Bratkartoffel-Freundschaftsbeilage.

Vergessen Sie nicht, gleichzeitig Bratkartoffeln zu machen!

Sie können die Fleisch- und Wurstreste vom Grillabend zuvor aufbrauchen, oder Fisch, oder einen knackigen Salat anrichten, Gemüse in al dente-Konsistenz bei den Kartoffeln anwärmen.

Natürlich fühlen sich Spiegel- oder Rühreier in dieser Umgebung wohl. Es versteht sich von selbst, daß ich hier nur Eier von Hühnern meine, die ein freies Leben genießen dürfen.

Ihre Phantasie reicht nicht aus, was alles zu Bratkartoffeln paßt. Wozu wären sonst die vielen Rezepte in diesem Buch gut? Es sind Anregungen.

Warum nicht Spargel zu Bratkartoffeln? Eben. Zwei erdige Sprösslinge in harmonischem Miteinander. Die feine Sauce Hollandaise zum Stippen, einmal für die Bratkartoffeln, einmal für den Spargel.

Vermissen Sie ein Kapitel über Soßen?

Es gibt keines. Kartoffeln werden nicht gebraten, um unmittelbar darauf ersäuft zu werden. Wollen Sie knackige Bratkartoffeln oder müssen Sie sie schlürfen?

Na also. Aber ein paar kleine Anregungen beizutragen, konnte ich mir nicht verkneifen. Zwei Rezepte von Meister Frank Gulewitsch (siehe auch Profi-Rezepte und »Nachtisch« Landgasthäuser) möchte ich Ihnen auf den Teller legen:

Tafelspitz-Sülze

ZUTATEN:
400 g gekochter Tafelspitz
0,4 l kräftige Fleischbrühe
0,1 l Weinessig
9 Blatt weiße Gelatine
1 kleine Karotte
1/4 Selleriekopf
1/2 Lauchstange

ZUBEREITUNG:
Die Fleischbrühe mit dem Essig anwärmen und die eingeweichte Blattgelatine zugeben. Karotte, Lauch, Sellerie in kleine Würfel schneiden und in Salzwasser blanchieren. Den gekochten Tafelspitz in kleine Würfel schneiden. Die Sülze – am besten vorgefroren – in eine Tunnelform geben (oder in eine kleine Tasse; entspricht einer Portion), ganz kurz warten und wieder ausleeren, wenn sich eine 2 – 3 mm starke feste Schicht gebildet hat. Den Tafelspitz und Gemüsewürfel vermengen, der Sülze beigeben und in die Form leeren. 2 Stunden in den Kühlschrank. Aus der Form stürzen und mit einem Elektromesser schneiden.
ZEIT:
35 Minuten (ohne Kochzeit)

Radiesles-Vinaigrette

ZUTATEN:
3 EL Weißweinessig
5 EL Traubenkernöl
1 EL Wasser
Salz, Pfeffer
1 Bund Radieschen
1 kleine Zwiebel
1 kleine Gewürzgurke

ZUBEREITUNG:
Essig mit Öl und Wasser verquirlen, mit Salz und frisch gemahlenem Pfeffer würzen. Radieschen, Zwiebel und Gewürzgurke sehr fein würfeln. Mit der Sauce vermischen.

ZEIT:
ca. 20 Minuten

Bibeliskäs (auch Bibbeliskäs)

Ein Rezept vom Raimartihof im Schwarzwald.

ZUTATEN:
Frischmilch
Bakterienkultur oder Lab vom Käsereibedarf
dicker Rahm oder Schmand
Aromat, Salz, Pfeffer
Schnittlauch fein geschnitten

ZUBEREITUNG:
Die Frischmilch bei Zimmertemperatur (nicht zu warm, das beeinflußt Geschmack und Haltbarkeit) mit Bakterienkultur oder Lab stocken und reifen lassen. Wenn sich die Molke vom weißen Grundkäse getrennt hat, die Masse in ein Käsetuch geben, Flüssigkeit abfiltern. Mit Rahm und den Gewürzen anmachen und mit Schnittlauch überstreuen.
ZEIT: einige Tage, je nach Temperatur

Tiroler-Allgäuer-Freundschaft

ZUTATEN:
1 Gelbe Rübe
1/2 Salatgurke, 1 Zwiebel
1 weißer Rettich
je 1 grüne, rote, gelbe Paprika
3 cl ital. Weißweinessig
6 EL italienisches kaltgepreßtes Olivenöl
1 EL Meerrettichsahne
2 EL Crème fraîche
Mozzarella, möglichst »buffalo«– Menge nach Belieben
harte Alternative: Parmigiano oder Pecorino
Basilikum
eine Prise Rosmarin
Salz, schwarzer Pfeffer aus der Mühle
2 Scheiben Schwarzbrot

ZUBEREITUNG:
Gemüse waschen. Gelbe Rübe schälen und in volle Scheiben schneiden, Salatgurke ebenso. Rettich putzen und in zarteste, aber volle Scheiben schneiden. Zwiebel schälen und in halbe Scheiben schneiden (nicht zerhacken!). Paprikastengel ausschneiden, Schoten hälften, waschen, und in 0,5 mm starke Stücke schneiden. Bei langen Paprika auf die Hälfte stutzen. Käse würfeln. Essig, Öl, Meerrettichsahne, Crème fraîche und Gewürze gut vermengen und über den Salat gießen. Mehrmals mischen und noch ca. 5 Minuten ziehen lassen. Gußeiserne Pfanne mit Öl erhitzen, zwei große Brotscheiben in kleine Würfel schneiden. Hinein damit in die heiße Pfanne und oft die Würfel drehen. Knusprig anbraten. Auf den Salat streuen.

ZEIT:
ca. 20 Minuten

Oder wollen Sie etwas Extremes, zum Beispiel kurz vor der Kündigung Ihren Chef noch einmal richtig verwöhnen?

Dann empfehle ich Ihnen die draculische Beilage eines Freundes, die nur zum Stippen geeignet ist. Keine Angst, er lebt zwar in den Karpaten, ist aber kein Blutsauger. Sein Rezept klingt nur abschreckend, lädt aber zum Genuß ein. Ich, zum Beispiel, habe es glänzend überlebt. Er bringt mir immer Knoblauch aus dem eigenen Garten mit. Und der ist wesentlich milder als der, den Sie hier bekommen.

Kalte Knoblauch-Soße

ZUTATEN:
8 Knoblauchzehen
1 Prise Salz
2 – 3 EL kaltgepreßtes Öl
2 TL Weinessig
1 gestrichener TL Rosmarin
1 EL Milch

ZUBEREITUNG:
Knoblauch pressen und mit Salz verreiben.
Öl nach und nach zurühren (wie bei selbstgemachter Mayonnaise), bis eine pastenähnliche Konsistenz erreicht ist.
Dann Essig, Rosmarin und Milch zugeben und verrühren.
2 bis 4 Stunden im Kühlschrank durchziehen lassen.

ZEIT:
ca. 30 Minuten

Jetzt sind Sie reif für eine Auszeit. Ein Gläschen gefällig?

Getränke

Fett schwimmt gern

Dies ist das klarste und kürzeste Kapitel, weil zu diesem Thema nicht mehr zu sagen ist. Sondern zu tun. Oder, wenn Sie so wollen: Lieber kurz lesen und lange trinken.

Ich komme noch einmal auf Heide Simonis zurück, weil sie selbst auf diesem Gebiet das Richtige klar in die Pfanne haut: Am besten paßt zu Bratkartoffeln ein kühles Bier und dahinter ein klarer Korn.

Da kommt nun wieder zusammen, was etwas weiter unten ohnehin zusammenwächst und sich magenfreundlich verträgt. Der Korn ist ein Entfetter, ein Lastverteiler. Klar muß er sein, wie die Philosophie der Bratkartoffel.

Es hat niemand was dagegen, wenn ein frischer Weißwein bevorzugt wird. Und ein gewisser Freigeist stört die helle Kartoffel, dunkler gebraten, nicht, wenn es ein kräftiger Roter ist. Schlicht: es ist ziemlich egal, was Sie dazu trinken. Wie es Ihnen gefällt. Bratkartoffeln kennen hier keine Normen und Gesetze. Das mag ich so an ihnen.

Und wenn Sie nur dazu köstliches Mineralwasser trinken: Fett muß schwimmen.

Entdecken Sie die Möglichkeiten! Zu meinem kulinarischen Artenschutzprogramm gehört auch etwas herrlich Altmodisches: Danziger Goldwasser.

Zurück in die Jetztzeit: Für echte Cowboys auf dem klimaautomatischen Long Trail vom eigenluft-konservierenden Einheitsbüro hinaus ins Marlboro-Country gibt es für die Outdoor-Bratkartoffeln natürlich nur lifestyle-echten starken schwarzen Kaffee in einem blechernen bis verchromten Pott. Wenn nichts anderes eingepackt ist: Kentucky-Straight Bourbon.

Die Rindviecher mit ihrem Gyrosgrill parken jenseits von Eden, Stoßstange an Stoßstange.

Bratkartoffeln sind absolut alkohol- und gastkompatibel. Lesen Sie mal die draculische Empfehlung eines Mathematik-Professors aus Rumänien in seinem Rezept.

Hauen Sie, zu Hause mit Freunden, lieber die Fastfoodisierung der Pariser in die Pfanne oder streiten Sie mit einem 91-jährigen Griechen bei 19-sternigem Metaxa über die Eßkultur der Sumerer.

Yiamas!

Nach der Soft- nun endlich die Hardware: Rezepte.

Martha Sondergeld, 96:

Die Schwäbin wanderte in der 20er Jahren nach Amerika aus – und wurde mit Bratkartoffeln empfangen. Zuerst dachte sie, die Kartoffeln seien erfroren. Aber es waren Süßkartoffeln.
»Mein Gott, was muß das für ein Land sein!«

Beaujolais
nouveau
Arrive
Bratkartoffeln
arrivieren

Rezepte

Gespaltene Verhältnisse zur B.

Unter den Rezepten von Prominenten finden Sie drei politische. Von vier Befragten antworteten prompt zwei. Der dritte, ein Riesenbratkartoffelmöllemann, hing wohl gerade an einem seidenen Fallschirmfaden über verlorenen Wählern herum, was seine Antwort etwas verzögerte. Eine Trefferquote von 75 Prozent. Gründe? Erstens war 1998 Wahljahr, das entschuldigt viel, zweitens betonen sie zumindest, daß sie bodenständig essen. Einen vierten Politiker traf ich mitten in seiner Umstellung von Wohlbeleibtheit auf Marathonman. Ich hätte Joschka Fischer vor seiner Wende darauf ansprechen oder seinen in dieser Hinsicht standhaften Parteifreund Rezzo Schlauch, weiterhin sichtlich dem Genuß zugetan, um eine Aussage bitten sollen. Doch vier Politiker wären mir in der versucht-repräsentativen Bratkartoffel-Umfrage denn doch zu einseitig. Dies ist lediglich eine numerische Aussage.

Ich habe mich auch erfrecht, ganz edle deutsche Gourmet-Tempel auf deren private Bratkartoffel-Rezepte anzusprechen. Im Gegensatz zur früher geäußerten telefonischen Auskunft eines Michelin-Zwei-Sterne-Kochs aus dem Rheinland: »Was meinen Sie, was wir zu Hause essen?« erreichte mich keine einzige Antwort. Aber auch dies kann man als Information werten.

Ein befreundeter Münchner Autorennfahrer gab mir einen Tip: »Schumann's« in der Maximilianstraße sei nicht nur eine Bar. Der Besitzer kredenze seinen Promi-Spezln nächtens schon mal auf besonderen Wunsch Bratkartoffeln. Es bleibt ein sogenannter Insidertip, denn »Schumann's« äußerte sich nicht zu meinem Wunsch nach einer weiteren Verbreitung.

Ich faxte auch Starkoch Eckart Witzigmann auf Mallorca an. Er bat um Zeit. Natürlich bekam er sie.

Hamburger, Rheinische, Badener und Stuttgarter Renommierküchen schwiegen beharrlich. Paßt hier die weise Bemerkung von Oscar Wilde »Die allerschwierigste Beschäftigung ist die, gar nichts zu tun«? Eher nicht. Ich verstehe die Hohepriester: Es wäre doch nur zu peinlich, würde man die nach außen hin verkaufte Haute Cuisine durch primitive Geständnisse desavourieren. Einem wackeren Schwaben entfuhr, als ich ihm das Geziere eines prominenten Kochkollegen verriet: »Feigling!« Das allenthalben reklamierte, neu entdeckte Verständnis für die gute deutsche Landküche blieb also manchem Prediger just im Hals stecken, als ein Bekenntnis zur Bratkartoffel abzulegen gefragt war.

Es sei allen hehren Häusern und Hohepriestern der Gourmetkritik verziehen. Ich frage mich nur: Würden sich etwa Paul Bocuse oder auch Luigi Caputo zieren, nach ihren persönlichen Cassoulet- oder Polenta-Verhältnissen gefragt? Um so ehrenvoller ist das Bekenntnis der drei etwas unbekannteren Köche zu werten, die ihre Rezepte mit Vergnügen beisteuerten.

Die Rücklaufquote war mit mehr als zehn Prozent überraschend erfolgreich, verglichen mit anderen unwichtigen Umfragen, bei denen drei Prozent als normal gelten. Erkenntnis nach 63 Anfragen: das kochprofessionelle und -prominente Deutschland teilt sich in Fans und jene, die meine Anfrage vermutlich mit Worten kommentierten, die ich Ihrer Phantasie überlasse.

Vicco von Bülow alias Loriot hatte Stil in der Absage. Dessen Sekretärin rief an und sagte: Nicht mal Freunden gäbe er solche Aussagen preis. Seine Sekretärin schickte gar den leeren vorfrankierten Rückumschlag retour mit der Bemerkung, daß ich ihn vielleicht noch verwenden könne. Typisch Loriot, und daher mit Schmunzeln quittiert. Wolfgang Joop ließ gleich zweimal anrufen, um dann – zwar über die Idee amüsiert – doch wegen diverser Photoshootings absagen zu müssen. Um so überraschter war ich bei der Antwort von Veronica Ferres. Ihr Bekenntnis war biologischer Natur: die Eltern sind Kartoffelhändler, der Vater gar berühmt als Bratkartoffel-König des Rheinlands.

Auf zwei Aussagen wartete ich (verständlich) vergebens. Sir Peter Ustinov ist als UNICEF-Botschafter ständig für Kinder unterwegs. Der unter Insidern als Bratkartoffelliebhaber bekannte McLaren-Mercedes-Rennleiter Norbert Haug beschleunigte jeweils schneller als meine zweimalige Anfrage: entweder saß er bereits im Flugzeug oder dirigierte schon in einer Box. Auch Walther Jens, sonst über so profane Dinge wie Fußball philospohierender Rhetoriker, und Walter Kasper,

Bischof der Erzdiözese Rottenburg, blieben stumm. Die Sekretärin des letzteren war zwar begeistert. Dennoch mag mein lammfrommer bis scheinheiliger Wunsch um eine Aussage zu seinem Bratkartoffel-Verhältnis Schweigen ausgelöst haben. Eine diabolische Unterstellung.

Wir zählen die Wenigen zusammen und nehmen ihre Antworten in die kleine, aber feine Sammlung öffentlicher Bratkartoffel-Geständnisse auf. Bratkartoffeln sind eben höchst individuell und anpassungsfähig. Da Phantasie auch das erdigste Essen nicht verschont, habe ich mir erlaubt, auch gewagt erscheinende Anregungen zu veröffentlichen.

Alle Mengenangaben sind für vier Personen berechnet.
TL = Teelöffel, EL = Eßlöffel, cl = Zentiliter, l = Liter
g = Gramm, kg = Kilogramm

Kurt Biedenkopf, CDU-Politiker:

»Mein Bratkartoffel-Verhältnis ist das denkbar beste. Bratkartoffeln lasse ich mir gern schmecken, besonders, wenn sie von meiner Frau zubereitet sind. Denn sie versteht was vom Kochen – und davon, was mir schmeckt. Zur Frage, wie bei uns Bratkartoffeln zubereitet werden, lege ich Ihnen für Ihr Buch ein Rezept bei. Natürlich bin ich gespannt auf das Belegexemplar.«

Big Potato - Central Australia

Spezielle

Outbacks

Von Ekke Schaefer, Sandgate, Queensland (Australien)

Der Elektro- und Motorrad-Mechanikermeister, seit 16 Jahren oberhalb von Brisbane selbständig, gibt Kochzeiten in Bierlängen an.

ZUTATEN:

4 große oder 8 kleine, rohe Kartoffeln (festkochend)
Schweineschmalz
2 Zwiebeln
2 Knoblauchzehen
Majoran, Salz, Pfeffer

An Feiertagen: *Sülze*

VORBEREITUNG:

Kartoffeln schälen. In dicke Scheiben schneiden (»ca. 3,2 mm, sonst wird es zu latschig«).

ZUBEREITUNG:

Kartoffeln in die Pfanne schmeißen, in Fett (»da wir sowieso alle mal verrecken müssen«) und für eine »Bierlänge« oder leicht bräunlich braten lassen. Dann zwei normal geschnittene Zwiebeln und zwei gehackte Knoblauchzehen dazugeben, etwas Majoran, viel Salz und Pfeffer. Braten, bis alles schön bräunlich ist, bzw. »ein weiteres Bier lang«. Nicht überbacken, sonst geht der Kartoffelgeschmack verloren. An Feiertagen folgende Verfeinerung: Bratkartoffeln über eine Scheibe Sülze legen.

ZEIT:

»Drei Bier« oder 20 Minuten

Draculas

Von Olimpiu Munusoi, Brasov (Rumänien)

Der Computer-Spezialist und Mathematik-Professor rät zu Suika (ein rumänischer Pflaumen-Schnaps) vor und nach dem Essen. Das mache kompatibel.

Zutaten:
1,2 kg festkochende Salz- oder Pellkartoffeln
250 – 300 g Reste von (gegrilltem) Lammfleisch (Rücken oder Schlegel)
4 – 6 junge Knoblauchzehen
4 kleine oder 2 große junge, »grüne« Zwiebeln
4 EL Sonnenblumenöl
Bohnenkraut
Majoran
Salz, Pfeffer

Vorbereitung:
Kartoffeln kochen, noch warm schälen, und danach würfeln.
Lammfleisch grillen (wenn keines von einem früheren Grillfest als Rest übrig geblieben ist), kleinschneiden.

Zubereitung:
Lammfleisch mit Zwiebeln und Knoblauch in Öl anrösten, bis die Zwiebeln glasig sind. (Vorsicht: beides verbrennt leicht!)
Kartoffeln dazugeben, anbraten, bis sie gelbbraun sind; dann Hitze abschalten.
Bohnenkraut und Majoran zum Schluß überstreuen. Nur noch warm werden lassen.
Salzen und pfeffern nach Belieben.

Zeit:
35 Minuten

Beschwipste

Von Richard Ebert, Werbefachmann aus Hamburg

Der Nachkomme des ersten SPD-Reichskanzlers Friedrich Ebert, selbständiger Agenturbesitzer und Rolling Stones-Anhänger, bevorzugt sonst die feine Küche.

ZUTATEN:
2 Pfund Kartoffeln (weichkochend)
2 Gläser Weißwein
50 g Butter
1 Bund Petersilie
Salz, weißer Pfeffer
beliebiger Fisch

VORBEREITUNG:
Im Topf normale Salzkartoffeln kochen. Wasser abgießen, Kartoffeln leicht abkühlen lassen. In große, nicht zu dicke Scheiben schneiden. Nicht hälften.

ZUBEREITUNG:
Kartoffelscheiben wieder in den Topf geben. Mit Weißwein und Butter langsam erhitzen. Gehackte Petersilie auf die heißen Kartoffeln streuen.
Bei geschlossenem Topf mehrfach schwenken und dabei die Kartoffeln leicht braun anbraten lassen, würzen.
Fisch paßt gut dazu.

ZEIT:
ca. 35 Minuten

Patricks

Vom Autor

ZUTATEN:
1 kg Kartoffeln (festkochend) aus Bio-Anbau
1 großes Büschel Broccoli
200 g Wal(Baum-) nüsse (natürlich auch andere Nußsorten)
2 große oder 3 kleine Zwiebeln
500 g frischer Lachs
2 Äpfel (fruchtig, eher säuerlich als süß)
Olivenöl
1/2 Tasse Weißwein
Salz
Pfeffer aus der Mühle

VORBEREITUNG:
Rohe Kartoffeln mit Schale waschen und dann in ca. 3 mm starke Scheiben schneiden.
Broccoli putzen und kleinschneiden.
Walnüsse (Baumnüsse) hälften.
Zwiebeln sehr klein schneiden (hacken).
Lachs auf ca. 2 cm Größe schnetzeln.
Äpfel entkernen, schälen, klein schneiden.

ZUBEREITUNG:
Eine Pfanne mit Öl ausgießen. Gehackte Zwiebeln und Weißwein dazu. Zwiebeln bei mittlerer Hitze in 10 Minuten glasig werden lassen. Die Kartoffelscheiben zugeben, würzen und unter vielfachem Wenden langsam bräunen. In zweiter Pfanne Broccoli und Nüsse zugedeckt dünsten; diese über die Kartoffeln streuen. Den Lachs obenauf legen (Fleisch muß zum Servieren in der Mitte noch rosig sein). Zuletzt Apfelstückchen dazugeben.

ZEIT:
60 Minuten

Ur-Oma's

Von Christl Brinks, 91, Seifen im Allgäu

ZUTATEN:

1,2 kg Kartoffeln (festkochend)
1 große Zwiebel
1 großer EL Gänsefett
Prise Salz
1 TL Kümmel
1 EL Milch

VORBEREITUNG:

Kartoffeln kochen und schälen, in 5 cm dicke Scheiben schneiden.
Zwiebel in Würfel schneiden.

ZUBEREITUNG:

Gänsefett in einem Eßlöffel zerlassen und in die Pfanne geben.
Zwiebeln darin dämpfen; sie dürfen nicht bräunen.
Kartoffeln, Salz, Kümmel dazugeben.
Alles fleißig wenden, bis die Kartoffeln hellbraun sind.
Mit Milch ablöschen.

ZEIT:

45 Minuten

Scharfer Rentner

Von Josef Brinks

Der Allgäuer Elektromeister in (Un-)Ruhe lebt in einem rumänischen Dorf nahe Brasov.

ZUTATEN:
1,5 kg Kartoffeln (festkochend)
1 große Zwiebel
500 g Hühnerfleisch
2 grüne Peperoni
3 EL Öl
10 g Butter
1 EL Kümmel
1/2 TL Estragon
1 TL frischer Dill
Salz

VORBEREITUNG:
Kartoffeln kochen (mit oder ohne Schale).
In Scheiben schneiden und hälften.
Zwiebel würfeln (klein), Fleisch in Streifen schneiden. Peperoni mit Inhalt halbieren und in kleine Scheiben schneiden.

ZUBEREITUNG:
In einer Gußpfanne oder Wok Öl und Butter erhitzen. Zwiebel und Peperoni zugeben, nur ganz kurz anrösten (glasieren). Fleisch und Kartoffeln mit Kümmel dazu.
Kurz vor Ende der Garzeit (max. 15 Minuten bei mittlerer Hitze) restliche Gewürze und Kräuter dazugeben.
Je nach Geschmack mit geriebenem Schafskäse überstreuen.

ZEIT:
35 Minuten

Kölsche

Von Regina Lilienfein

Die ehemalige Lehrerin wandelte das klassische Rezept: Stampfkartoffeln (Ääd) mit Äpfeln (Himmel) ab.

ZUTATEN:
4 große Kartoffeln, festkochend
2 EL Schmalz
50 g durchwachsener, geräucherter Speck
1 Zwiebel oder 4 Schalotten
150 g Flönz (Blutwurst mit Speckstückchen ein Muß!)
150 g grobe Leberwurst
1 EL Butterschmalz
Salz und Pfeffer

VORBEREITUNG:
Kartoffeln halbgar kochen, noch warm pellen und in Scheiben schneiden, etwas abkühlen lassen. Speck und Zwiebel würfeln. Blut- und Leberwurst in Scheiben schneiden.

ZUBEREITUNG:
In einer Pfanne in der Hälfte vom Schmalz die Kartoffelscheiben langsam braun braten. In der zweiten Pfanne im restlichen Schmalz Speck- und Zwiebelwürfel glasig braten. Die Speck- und Zwiebelwürfel zu den Kartoffelscheiben geben, würzen. In der »Speckpfanne« das Butterschmalz zerlassen, Wurstscheiben zugeben und ca. 10 Minuten knusprig braten. Immer wieder wenden, Hitze reduzieren. Zusammenmischen, noch ca. 5 Minuten braten.

ZEIT:
ca. 30 Minuten

Pommersche

Edith's Pfannfisch

Die Midi-, Bretagne- und Ostsee-Expertin arbeitet als Fotografin und Malerin.

ZUTATEN:
750 g in der Schale gekochte Kartoffeln vom Vortag
4 Zwiebeln
100 g geräuchterter Fisch (wie Heilbutt, Makrele, Schillerlocke)
4 Eier, 1/8 l Milch
1 EL Senf, Salz, Pfeffer
2 Bund Schnittlauch

VORBEREITUNG:
Kartoffeln pellen und in Scheiben schneiden. Zwiebeln und Speck fein würfeln. Fisch entgräten, wo nötig häuten, und zerkleinern. Eier in einem Schälchen mit Milch und den Gewürzen verquirlen.
Schnittlauch in Röllchen schneiden.

ZUBEREITUNG:
Kartoffelscheiben mit Zwiebel- und Speckwürfeln in einer Eisenpfanne anbraten. Zerkleinerten Fisch zugeben, ca. 5 Minuten unter Wenden weiterbraten. Die verquirlten Eier darübergießen, Schnittlauch aufstreuen und die Masse unter Rühren stocken lassen.

ZEIT:
ca. 35 bis 40 Minuten

Aus »Hiddensee«, Kulinarische Reiseskizzen & Rezepte aus Pommern, gesammelt und fotografiert von Edith Gerlach. Erschienen im Walter Hädecke Verlag.

Pommes Fries

Mit frischem Aal aus Friesland

Für 6 Portionen

ZUTATEN:

1 – 1,5 kg Kartoffeln (festkochend)
1 – 1,5 kg geräucherter oder (an der Küste) fangfrischer Aal
2 mittelgroße Zwiebeln
4 cl Weißwein
Salz, schwarzer Pfeffer
Distelöl
Estragon, Dill

VORBEREITUNG:

Rohe Kartoffeln schälen und in maximal 2,5 mm dicke Scheiben schneiden.
Aal putzen, Kopf und Ende abschneiden, und in 2 cm dicke Stücke schneiden.
Zwiebeln klein würfeln.

ZUBEREITUNG:

Aalstücke in gut geölte Pfanne geben, pfeffern und salzen, und bei maximal mittlerer Hitze anbraten. Kartoffelscheiben einlegen.
Zwiebeln dazugeben. Den Weißwein (ausnahmsweise, um den Aal-Geschmack nicht durch die Zwiebeln zu »stören«) dazugeben und verdampfen lassen.
Wenn der Aal halb gegart ist, Estragon und gehackten Dill dazugeben.
Weitere 10 Minuten anbräunen lassen und oft wenden.

ZEIT:

ca. 40 Minuten

Ungarische

Mit Lecsó (Letscho)

Mit Paprika sorgen Ungarinnen für Versteifung.

ZUTATEN:

1 kg Kartoffeln (festkochend)
4 große rote oder grüne Paprikaschoten
100 g Räucherspeck
3 große Zwiebeln
5 Tomaten
Schweinefett
4 TL scharfer Paprika (Rosenpaprika)
Salz, Pfeffer
4 EL saure Sahne

VORBEREITUNG:

Kartoffeln: kochen, dann in 3 mm starke Scheiben schneiden.
Lecsó: Paprika und Räucherspeck in Streifen, Zwiebeln und Tomaten kleinschneiden.

ZUBEREITUNG:

Lecsó: In einer Pfanne mit Schweinefett Speck anbraten, die Hälfte der Zwiebeln und Paprikagewürz zugeben, kurz mitbraten. Etwas Wasser angießen. Tomaten und Paprikaschoten dazu und gar braten. Verrühren und zuletzt salzen.
Kartoffeln: Fast gleichzeitig Schweinefett in die andere Pfanne, restliche Zwiebeln dazu und Kartoffelscheiben drauf. Immer wieder wenden. Wenn die Kartoffeln eine Kruste gebildet haben, Lecsó dazugeben. Die saure Sahne unterrühren. Noch einmal erhitzen.

ZEIT:

Lecsó und Kartoffeln 20 Minuten

Décadence

Naturellement aux truffes (Trüffeln)

ZUTATEN:
1 kg Kartoffeln (festkochend)
200 g Trüffeln (wahlweise aus dem Périgord oder der Provence)
3 Schalotten
150 g Salami
leicht gesalzene Butter
Distelöl
Salz, weißer Pfeffer aus der Mühle

VORBEREITUNG:
Kartoffeln halbgar kochen. Dann in der Schale abkühlen lassen, schälen.
In 2 – 3 mm dicke Scheiben schneiden.
Trüffeln mit einer weichen Bürste säubern, in Scheiben schneiden.
Schalotten und Salami kleinwürfeln.

ZUBEREITUNG:
In einer Eisenpfanne Butter und Öl zusammen erhitzen. Schalotten dazugeben. Hitzezufuhr auf mittlere Stufe herunterregeln. Die Kartoffelscheiben in die Pfanne geben und würzen.
Währenddessen in einer zweiten Pfanne Distelöl erhitzen und darin die Trüffeln kurz schwenken. Salami zu den Kartoffeln geben.
Bevor die Kartoffeln Krusten bilden, Trüffeln vorsichtig unterheben.
Mehrmals wenden.

ZEIT:
ca. 35 Minuten

Normannen

Mit Äpfeln und Calvados

ZUTATEN:
1 kg Kartoffeln (festkochend)
200 g Schweinespeck
2 fruchtige Äpfel (z. B. Boskop- oder Reine des Reinettes)
leicht gesalzene Butter
3 Schalotten oder 2 rote Zwiebeln
Salz, Muskat
2 cl Calvados

VORBEREITUNG:
Die Kartoffeln bleiben roh und mit Schale, wenn sie von einem Bio-Bauern stammen. In max. 3 mm starke Scheiben schneiden. Speck in Streifen schneiden. Äpfel schälen und in kleine Schnitze oder Scheiben schneiden. Schalotten in schmale Streifen schneiden.

ZUBEREITUNG:
Die Kartoffelscheiben salzen und mit Butter und Zwiebeln bei mittlerer Hitze dünsten. Apfelschnitze und kurz danach die Speckstreifen dazugeben.
Mit wenig Muskat abschmecken.
Vor Krustenbildung der Kartoffeln Pfanne kurzfristig hoch erhitzen.
Pfanneninhalt mit Calvados ablöschen.
Ist der Calvados verdunstet, servieren.

ZEIT:
ca. 30 Minuten

Grizzlige

Von Chris Pintozzi, 33, River Guide in Haines (Alaska)

Ich würde das Rezept des jungen Alaskaners nicht aufnehmen, hätte er nicht italienische Eltern. Requisite: ein abgestreichelter Teddybär.

ZUTATEN:
200 g braune Bohnen (mindestens 6 Stunden eingeweicht)
6 – 8 Kartoffeln (festkochend)
4 Zwiebeln (die zeitversetzte laute Verdauung hält Saubären fern)
tierisches Fett
1 Chilischote
Salz, Kümmel
kalter schwarzer Kaffee (Espresso? Va bene!)

VORBEREITUNG:
Bohnen einweichen. Die Kartoffeln bleiben in Schale und rohem Zustand. In 5 mm dicke Scheiben schneiden. Zwiebeln (mit Bowie-knife) extrem kleinstückeln. Chilischote in Ringe schneiden.

ZUBEREITUNG:
Gußeiserne Pfanne mäßig erhitzen. Fett rein- und Zwiebeln dazugeben. Kartoffelscheiben salzen, kümmeln, auf die Zwiebeln legen. Kartoffelscheiben oft und sorgfältig wenden, bis sie eine hellbraune Kruste bilden. Chili dazugeben, dann die Bohnen unterheben. Wenn Bohnen und Kartoffeln fast fertig sind, mit einen Schuß Espresso ablöschen. Noch zwei Minuten lang erhitzen.

ZEIT:
ca. 30 Minuten (ohne Einweichen)

Auster-Litze

Mit Austern im Speckmantel

ZUTATEN:

1 kg Kartoffeln (festkochend)
250 g fetter, gesalzener Speck oder Räucherspeck
12 bis 16 Austern (nur festgeschlossene)
50 g Butter
weißer Pfeffer aus der Mühle, Salz
2 EL Butterschmalz
1 Zitrone

VORBEREITUNG:

Kartoffeln kochen, schälen und in 2 – 3 mm starke Scheiben schneiden.
Speck in dünne Scheiben schneiden.
Austern öffnen, Austernwasser abgießen (anderweitig verwenden) und das Fleisch herausnehmen. Jede Auster in eine Speckscheibe wickeln und mit Spießchen zusammenhalten. Pfeffer aus der Mühle draufstreuen.

ZUBEREITUNG:

Pfanne erhitzen und darin den restlichen Speck mit der Butter auslassen. Die Kartoffelscheiben salzen und in die Pfanne geben, bei mittlerer Hitze mehrmals wenden. Butterschmalz in einer zweiten Pfanne zerlassen, Austernrouladen darin bei mittlerer Hitzezufuhr knusprig braten. Mit Zitronenscheiben garnieren und mit den Bratkartoffeln servieren.

ZEIT:

ca. 40 Minuten

Irish

Mit Lammfleisch, Irish Whiskey oder Guinness

ZUTATEN:
1 kg Kartoffeln (festkochend)
250 g Lammfleisch-Reste
2 Zwiebeln
50 g Kerry-Gold-Butter
3 Eidotter
Salz, schwarzer Pfeffer aus der Mühle
2 cl Irish Whiskey oder Stout-Bier (Guinness)

VORBEREITUNG:
Kartoffeln halbgar kochen, abkühlen lassen, schälen, in 2 – 3 mm starke Scheiben schneiden. Wenn kein Lammfleisch von früherem Essen mehr übrig ist: Lammfleisch in kleine Stücke schneiden und würzen. Die Zwiebeln kleinschneiden.

ZUBEREITUNG:
Butter in einer Pfanne erhitzen, auf mittlere Hitzezufuhr herunterregeln. Kartoffelscheiben einlegen, würzen. Nach 10 Minuten Eidotter darüberschlagen und verrühren. Lammfleischstückchen zugeben, die Hitzezufuhr erhöhen. Pfanneninhalt immer wieder wenden.
Wenn die Kartoffelscheiben goldbraun sind und die Lammstückchen Farbe angenommen haben, mit einem Schuß Whiskey oder Guinness ablöschen.

ZEIT:
ca. 35 Minuten

Letzte Ölung

Von Alex Wolf. Mit tödlich viel Knoblauch und Gambas

ZUTATEN:

1 kg kleine Kartoffeln (festkochend)
250 g Gambas oder andere Krustentiere
4 – 6 große Knoblauchzehen (je nach Tapferkeit und folgender Geschäftstermine mit spezifischen Kunden auch mehr)
Salz
Olivenöl

VORBEREITUNG:

Rohe Kartoffeln waschen, halbieren.
Gambas schälen, Darm entfernen; große Exemplare halbieren.
Knoblauchzehen in nicht zu feine Scheiben schneiden.
Backofen auf 200 °C vorheizen.

ZUBEREITUNG:

Kartoffeln an der Schnittstelle in Salz tunken. Reichlich Olivenöl auf ein tiefes Backblech gießen. Kartoffeln mit der Schnittseite drauflegen. Darauf Gamba-Stückchen und Knoblauchscheiben geben. Backofen nach zehn Minuten auf 250 °C erhitzen. Solange weiterbraten, bis die Kartoffelscheiben und Gambas eine goldgelbe Farbe angenommen haben.

ZEIT:

ca. 45 Minuten

Hashed brown Potatoes

Von Horst Scharfenberg

Fernsehkoch der ersten Stunde – als das Fernsehen laufen lernte – Journalist, Autor und Feinschmecker. Er lebt seit vielen Jahren ein halbes Jahr in den USA, vorzugsweise in Florida.

ZUTATEN:
4 mittelgroße Pellkartoffeln (evtl. vom Vortag), nicht zu weich gekocht
40 g Butter und 2 EL Öl
1 kleine Zwiebel oder Schalotte
Salz und Pfeffer aus der Mühle

VORBEREITUNG:
Kalte Kartoffeln pellen und in kleine Würfel schneiden oder grob raffeln.
30 g Butter und 1 EL Öl in einer beschichteten Pfanne mit dickem Boden erhitzen.
Zwiebel sehr fein hacken.

ZUBEREITUNG:
Kartoffelwürfel oder -raffel auf dem Boden der Pfanne verteilen und mit einer Backschaufel leicht zusammendrücken, so daß sie einen dicken Pfannkuchen bilden. Bei mittlerer Hitzezufuhr ca. 10 Minuten braten, dann salzen und pfeffern. Die Pfanne einige Male heftig schütteln und eventuell mit der Backschaufel die Kartoffeln leicht anheben. Hat sich an der Unterseite eine Kruste gebildet, den Kartoffelkuchen halbieren oder vierteln

und mit der Schaufel jedes Teil umdrehen. Anschließend wieder zusammendrücken, salzen, pfeffern. Leicht anheben und das restliche Fett zugeben. Weitere 10 Minuten braten, bis sich auf der zweiten Seite eine Kruste gebildet hat.
ZEIT:
ca. 25 Minuten

Die Hashed browns schmecken am besten, wenn sie eine reichlich braune Kruste haben. Man ißt sie zum Frühstück mit Spiegel- oder Rühreiern, mit kroß gebratenem Frühstücksspeck (Bacon) belegt.

Dieter Hildebrandt, Buchautor und Kabarettist (»Scheibenwischer«):

»Sie können meine Aussagen zu Bratkartoffeln sicherlich nicht verwerten, weil ich erstens nicht bei Biolek kochen gelernt habe, zweitens kein Verhältnis zu Bratkartoffeln, auch kein Bratkartoffelverhältnis hatte, nur hie und da in Abwesenheit von Frauen zerstreut mir so was wie Bratkartoffeln möglicherweise gebraten habe, was aber zu keinen Erinnerungen geführt hat. Wenn mir niemand etwas kocht, was man speisen muß, ernähre ich mich. Bratkartoffeln? Naja. Auch. Mehr nicht.«

Reggaes

Von Richard Ebert

ZUTATEN:

1 kg Kartoffeln (festkochend)
3 Tomaten
3 Zwiebeln
3 rote Paprikaschoten
2 EL Olivenöl
Prise Salz
1 TL schwarzer Pfeffer

VORBEREITUNG:

Kartoffeln kochen und danach in Scheiben schneiden.
Tomaten in Scheiben schneiden.
Zwiebeln und Paprika kleinhacken.
Herd auf 200 °C vorheizen.

ZUBEREITUNG:

Einen Teil der Kartoffelscheiben in eine gefettete, feuerfeste Form geben.
Darüber abwechselnd: Zwiebel, Kartoffelscheiben, Paprika, Kartoffelscheiben, Tomaten, Kartoffelscheiben einschichten.
Jede Schicht salzen und pfeffern.
Über die oberste Schicht Olivenöl gießen.
Im Backofen zuerst bei 200 °C 10 Minuten, dann bei 180 °C 20 Minuten backen.

ZEIT:

ca. 45 Minuten

Moskartoff

Mit Rossolje (Hering und Rote Beete) und Wodka

ZUTATEN:

1 kg Kartoffeln (festkochend)
300 g Rote Beete, gekocht
250 g Hering
Dill
Wacholderbeeren
Rosmarin
Thymian
Salz, weißer Pfeffer
2 cl Wodka
2 Knoblauchzehen
Öl oder Butter

VORBEREITUNG:

Rossolje-Salat ansetzen: Rote Beete schälen, halbieren und in Blättchen schneiden. Hering putzen, kleinschneiden (auf Größe der Roten Beete), Dill, Wacholderbeeren zugeben und mit den restlichen Gewürzen abschmecken. Eventuell etwas Wasser mit Wodka vermengen und als Wodkagrette darübergeben.
1 Stunde in den Kühlschrank stellen.
Kartoffeln kochen, schälen, in 2 – 3 mm starke Scheiben schneiden.
Knoblauch sehr fein hacken.

ZUBEREITUNG:

Eine Pfanne mit Öl oder Butter erhitzen, Kartoffelscheiben hineingeben, salzen und pfeffern. Am Ende des Bratvorgangs den feinstgeschnittenen Knoblauch dazustreuen.
Mit dem Rossolje servieren.

ZEIT:

ca. 45 Minuten

Krauts

Mit gedünstetem Sauerkraut

ZUTATEN:
1 kg Kartoffeln (festkochend)
500 g Sauerkraut (es muß kein Champagner-Kraut sein)
Öl Ihrer Wahl
Bohnenkraut
Wacholderbeeren
2 – 4 Lorbeerblätter
Salz, weißer Pfeffer
Wasser

VORBEREITUNG:
Kartoffeln kochen, in 2 – 3 mm starke Scheiben schneiden; würzen.

ZUBEREITUNG:
Sauerkraut mit eigenem Saft in einen Topf geben. Etwas Öl, Bohnenkraut, Wacholderbeeren und Lorbeerblätter beigeben, den Deckel auflegen. Mit niedriger Hitzezufuhr garen oder dünsten. Notfalls etwas Wasser nachgießen. Das Kraut soll aber nicht zu wässrig gedünstet werden. Immer wieder abschmecken. Öl in einer Pfanne erhitzen, die Kartoffelscheiben darin zu goldgelber Farbe braten. Das Kraut in einem Sieb gut vom Saftwasser abtropfen lassen. In die Pfanne zu den fast fertigen Kartoffelscheiben geben, damit es kukidentalen Weichbiß bekommt. Gut vermischen und eventuell nachwürzen.

ZEIT:
ca. 45 Minuten

Zahnluckete

Von Robert Baur

Besonders weiche Bratkartoffeln für alle, die eine Zahnlücke haben.

Zutaten:

1 kg Kartoffeln (festkochend) einen Tag vorher gekocht
0,5 l Vollmilch
Salz, Pfeffer
frisch geriebener Muskatnuß

Vorbereitung:

Kartoffeln schälen und in nicht zu dicke Scheiben schneiden.
Milch in einer ofenfesten Pfanne erwärmen.
Backofen auf 160 °C vorheizen.

Zubereitung:

Kartoffelrädle in die warme Milch geben; im vorgeheizten Backofen solange backen, bis die Kartoffeln braun sind.
Würzen und zu Pilzgemüse oder heißer Leber- und Griebenwurst mit Kraut servieren.

Zeit:

ca. 40 Minuten

Rezept aus »Das Schwäbische Vesper« von Josef Thaller (Hrsg.)
Erschienen im Walter Hädecke Verlag.

American Freestyle

Mit Ketchup, Mais, Chili-Bohnen und Peanut-Butter

ZUTATEN:
200 g Kidney-Bohnen
(oder kleine braune)
16 – 20 sehr kleine
Kartoffeln
(festkochend)
Fleischwürfel
(Rind, Schwein)
80 – 100 g Erdnuß-
Butter (Peanut)
Butter
200 g Maiskörner
Salz, schwarzer Pfeffer
Chilischote
Ketchup, möglichst
amerikanisches

VORBEREITUNG:
Bohnen zuerst im Wasserbad etwa 3 Stunden aufweichen. Kartoffeln roh und in der Schale lassen, halbieren und würzen.
Feuer in einem Grill entfachen. Fleisch in spießfähige Stückchen schneiden, würzen.

ZUBEREITUNG:
Kartoffeln abwechselnd mit Fleischstückchen aufspießen. Mit Peanut-Butter bestreichen und dann mit mittlerem Abstand überm Grill braten, dabei oft drehen. In einer Pfanne Butter zerlassen und darin langsam Mais und Bohnen erhitzen. Salzen, pfeffern und mit gehackter Chilischote würzen. Wenn die Kartoffeln an der Schnittstelle goldbraun sind, mit dem Fleisch von den Spießen abnehmen und gemeinsam mit dem Pfanneninhalt auf Teller portionieren. Dazu Ketchup!

ZEIT:
ca. 35 Minuten

Aphrodisiakartis

Mit manipuliertem Hammel

... weil einer Prise Hirschhornsalz (statt Viagra).

ZUTATEN:

8 – 12 kleinere festkochende Kartoffeln
500 g Hammelfleisch (vom griechischen oder türkischen Händler)
2 Zwiebeln
3 EL Olivenöl
3 EL abgezogene Mandeln
1 Knoblauchzehe,
1/2 TL Hirschhornsalz (vom Apotheker Ihres Vertrauens)
Rosenpaprika
2 EL Tomatenmark
3/4 l Fleischbrühe
100 g Rosinen

VORBEREITUNG:

Kartoffeln kochen, nicht schälen. In ca. 2 – 3 mm starke Scheiben schneiden und würzen. Fleisch in Würfel schneiden. Zwiebeln fein schneiden. Die Fleischbrühe ansetzen.

ZUBEREITUNG:

Öl in einem Topf erhitzen. Mandelkerne und Knoblauchzehe darin anrösten. Knoblauch herausnehmen, Zwiebeln hineingeben und anrösten. Fleischwürfel zugeben, bei mittlerer Hitzezufuhr bräunen. Mit einer Prise Hirschhornsalz und Paprika würzen. Tomatenmark in der Fleischbrühe verrühren, damit ablöschen. Etwa 60 Minuten zugedeckt köcheln. Rosinen zugeben. Kartoffeln 15 Minuten vor Ende der Garzeit in eine mit Öl erhitzte Pfanne geben und bräunen lassen.

ZEIT:

80 Minuten.

Radetzkys

Mit dem Original Wiener Schnitzel

Feldmarschall Radetzky brachte das Schnitzel nach Wien.

ZUTATEN:
1 kg Kartoffeln (festkochend)
1 Ei
4 Kalbsschnitzel
Mehl, Semmelmehl
Salz, Backfett
1 Sardellenfilet, geviertelt
1 Zitrone, in Achtel geschnitten

VORBEREITUNG:
Kartoffeln kochen, schälen, in 3 mm starke Scheiben schneiden.
Ei verquirlen.

ZUBEREITUNG:
Wiener Schnitzel: Schnitzel leicht klopfen, beiderseits zart salzen, in Mehl wenden, überflüssiges Mehl abklopfen. Durch das verquirlte Ei ziehen und in Semmelmehl panieren.
In einer Pfanne Schmalz erhitzen und darin die Kartoffelscheiben goldbraun anbraten.
In einer zweiten Pfanne die Schnitzel in viel heißem Fett von beiden Seiten goldbraun backen. Mit Zitronenachteln und Sardellenröllchen belegen.

ZEIT:
ca. 40 Minuten

Abruzzesi

Mit scharfem, altem Pecorino

Wenn möglich, mit dem harten Schafsmilch-Käse aus den Abruzzen. Ersatzweise mit lang gereiftem, kräftigem oder geräuchertem Provolone.

Zutaten:

1 kg Kartoffeln (festkochend)
200 g Pecorino (oder anderer scharfer Hartkäse)
2 Eidotter
80 g Gänseschmalz
Salz, Pfeffer

Vorbereitung:

Rohe Kartoffeln mit Schale in 3 mm starke Scheiben schneiden.
Käse in möglichst dünne Scheiben schneiden; ist dies nicht möglich, grob reiben.

Zubereitung:

Gußeiserne Pfanne mit Gänseschmalz erhitzen, Kartoffelscheiben gewürzt einlegen und Hitze auf mindestens mittlere Stärke regeln.
Wenn die Kartoffeln Farbe angenommen haben, die Käsescheiben darauflegen und verschmelzen lassen, dann die Eidotter drüberschlagen und stocken lassen.

Zeit:

ca. 30 Minuten

Cajun

Mit Orangen, Tabasco, Curry und Curaçao Blue

Aus der karibisch-französischen Ecke von New Orleans.

ZUTATEN:
1 kg kleine Kartoffeln (festkochend)
2 Orangen
Olivenöl oder Schmalz
1 cl Tabascosauce
1/2 – 1 TL Curry
1 TL brauner Zucker
2 cl Curaçao Blue
Salz, grüner Pfeffer aus der Mühle

VORBEREITUNG:
Kartoffeln roh und in der Schale lassen, in möglichst dünne Scheiben schneiden.
Orangen dick abschälen und die Filets zwischen den Trennhäuten herausschneiden.

ZUBEREITUNG:
Pfanne mit Olivenöl ausgießen und stark erhitzen. Kartoffelscheiben einlegen, mit Pfeffer und einer Prise Salz würzen. Braten und wenden, bis sie braun werden.
Orangenschnitze drüberlegen.
Mit einem guten Schuß Tabasco begießen (nicht zu zaghaft), Curry drüberstreuen.
Kartoffelmischung wenden.
Kurz vor Ende der Bratzeit mit Curaçao Blue ablöschen.
Dazu passen gegrillter Fisch oder Spareribs.

ZEIT:
ca. 20 Minuten

Maos

Mit Tintenfisch-Stückchen, im Wok

ZUTATEN:
1 kg Kartoffeln (festkochend)
250 g Kalmar oder Tintenfisch ersatzweise geschälte Krabben
2 Frühlingszwiebeln
6 Eier
1 TL Sesamöl
Salz, weißer Pfeffer
2 EL Sojasauce
2 EL Reiswein
6 EL Erdnußöl
30 g Schweineschmalz

VORBEREITUNG:
Kartoffeln halbgar kochen, schälen und in kleine Stückchen schneiden. Den Tintenfisch waschen, häuten, putzen und in kleine Stücke schneiden, trockentupfen. Zwiebeln sehr klein würfeln. Eier mit Sesamöl verquirlen, mit Salz und Pfeffer würzen. Wok erhitzen. Sojasauce und Reiswein vermischen, ohne Fett in den erhitzten Wok geben, die Tintenfischstückchen darin etwa 5 Minuten marinieren. Mit der Marinade herausnehmen. Tintenfischstückchen trockentupfen.

ZUBEREITUNG:
Erdnußöl im Wok erhitzen, Tintenfisch einlegen und ca. 2 Minuten scharf anbraten, beiseite stellen. Öl abgießen, dafür Schmalz im Wok erhitzen. Gehackte Zwiebel darin glasieren und Kartoffelstückchen einlegen. Eimasse zugeben, verrühren, Tintenfische unterheben.

ZEIT:
ca. 40 Minuten

Elsässer

Mit Baeckeoffe

ZUTATEN:

1 kg Kartoffeln (festkochend)
500 g Schweinefleisch (ohne Knochen)
3 große Möhren
1 Stange Porree
1 Knoblauchzehe
Salz, Pfefferkörner
2 Nelkenpfefferkörner
1 Lorbeerblatt
0,7 l Gewürztraminer oder anderer Weißwein aus dem Elsaß
250 g Zwiebeln
je 1/2 TL Thymian, Basilikum und Bohnenkraut (gerebelt)
1 TL Semmelmehl
20 g Butter

VORBEREITUNG:

Fleisch waschen, abtupfen, in Würfel schneiden. Gemüse putzen, waschen und zerkleinern, mit Fleischwürfeln in eine Schüssel geben, zerdrückte Knoblauchzehe, schwarze Pfefferkörner, Nelkenpfeffer und Lorbeerblatt zugeben und mit Weißwein auffüllen. Zudecken und einige Stunden marinieren. Kartoffeln halbgar kochen, in Scheiben schneiden. Zwiebel in Scheiben schneiden.

ZUBEREITUNG:

Gußeisernen Brattopf einfetten. Schüsselinhalt abtropfen lassen. Zwiebelscheiben, Fleischwürfel, Gemüsestücke, Kartoffelscheiben abwechselnd in den Brattopf einschichten. Jede Lage würzen. Mit Marinade übergießen und Deckel auflegen. Im vorgeheizten Bratofen bei ca. 180 °C garen. Zuletzt mit Semmelmehl und Butterflöckchen belegen und gratinieren.

ZEIT:

knapp 2 Stunden

Cosa Nostras

Mit Bel Paese und Salami Calabrese

ZUTATEN:

1 kg kleine Kartoffeln (festkochend)
3 Zwiebeln
150 – 180 g Salami Calabrese (ersatzweise Mailänder)
150 g Bel Paese (oder ähnlich sahniger milder Käse wie zum Beispiel Fontina aus dem Piemont – gehört zu den besten Käsesorten der Welt)
Olivenöl
Salz, schwarzer Pfeffer aus der Mühle
1 Bund Basilikum
1 Bund Rucola

VORBEREITUNG:

Kartoffeln mit Schale kochen und hälften.
Zwiebeln klein hacken.
Salami in kurze Streifen schneiden. Käse in Scheiben schneiden.

ZUBEREITUNG:

Pfanne mit Olivenöl erhitzen, Zwiebeln darin anschwitzen. Kartoffeln mit der Schnittstelle auf die Zwiebeln legen und würzen.
Wenn die Kartoffeln oft gewendet sind und goldbraun werden, Salamistreifen zugeben, Käsescheiben drauflegen und verschmelzen lassen.
Basilikum fein schneiden, über die Kartoffeln streuen.
Mit Rucolablättern servieren.

ZEIT:

ca. 30 Minuten

Obelixe

Mit Wildschweinkeule

Für 6 Normalhungrige oder 4 Bärenhungrige.

ZUTATEN:

1 kg kleine Kartoffeln (festkochend – falls erhältlich: »rattes« – die sehen ähnlich wie die Bamberger Hörnchen aus)
1,5 kg Wildschweinkeule (ohne Knochen)
1/4 l Rotwein (hier natürlich französischer)
60 g Pflanzenfett

VORBEREITUNG:

Kartoffeln in der Schale kochen, halbieren.
Keule enthäuten, abspülen, trockentupfen, mit Salz und Pfeffer einreiben, Keulenfett etwas einschneiden.
Zwiebel abziehen, Suppengrün putzen, beides kleinschneiden.
Backofen auf 220 °C vorheizen.

ZUBEREITUNG:

Das Fleisch mit der Fettschicht nach oben in einen gefetteten Bräter legen und in den Backofen schieben. Wenn das Fleisch beginnt zu bräunen, etwas Rotwein hinzugießen; verdampft der Wein, immer etwas nachgießen.
Backofentemperatur auf 200 °C herunterschalten.
Den Braten immer wieder mit Flüssigkeit begießen.

1 Zwiebel
1 Bund Suppengrün
Salz, Pfeffer
1 Lorbeerblatt
10 Wacholderbeeren
20 Pfefferkörner
5 Pimentkörner (Nelkenpfeffer)
2 EL Johannisbeergelee
5 EL saure Sahne
30 g Weizenmehl
4 EL Wasser

30 Minuten vor Ende der Bratzeit Gemüse und Gewürze dazugeben.
Zwischendurch eine Pfanne mit Fett erhitzen und die Kartoffeln mit der Schnittstelle auf den Pfannenboden legen und bei mittlerer Hitze Farbe nehmen lassen.
Den Braten vor dem Schneiden etwa 10 Minuten ruhen lassen, damit sich der Saft setzt.
In Scheiben schneiden und auf einer Platte anrichten und warmstellen.
Den Bratensatz mit Wasser loskochen, durchsieben, mit Wasser oder Fleischbrühe auf etwa 1/2 Liter auffüllen. Gelee, verquirlte Sahne sowie Weizenmehl, mit etwas Wasser angerührt, unterrühren.
Soße mit Salz und Pfeffer abschmecken.
Zu den Bratkartoffeln servieren.
Zeit:
über 2 Stunden

Berner und Aargauer

Gruß in die Schweiz mit der verzwergten Form: Rösti

ZUTATEN:
750 g Kartoffeln (festkochend)
50 g Butterschmalz oder eingesottene Butter
2 Zwiebeln
100 g Räucherspeck
Salz

VORBEREITUNG:
Kartoffeln roh schälen und sehr fein scheibeln oder auf einer Raffel in Streifen hobeln.
Butterschmalz auf zwei Pfannen verteilen.
Zwiebeln und Räucherspeck in Streifen schneiden.
Servierplatte vorwärmen.

ZUBEREITUNG:
Die Kartoffeln im heißen Butterschmalz ein- bis zweimal wenden, salzen, zu einem Kuchen zusammendrücken und 15 – 20 Minuten bei mittlerer Hitzezufuhr gut zugedeckt braten.
Zum Zudecken am besten einen umgedrehten Teller verwenden, denn zwischen Rösti und dem »Deckel« soll kein Hohlraum sein.
In der zweiten Pfanne Zwiebel- und Räucherspeckstreifen langsam knusprig braten.
Rösti auf die Servierplatte gleiten lassen, mit Zwiebel- und Speckschmelze bedecken.

4 Scheiben Kalbsleber
Mehl
4 dünne Scheiben Schweinefilet
4 Scheiben Kalbsfilet
4 kleine Schweinsbratwürstchen

Kalbsleberscheiben leicht durch Mehl ziehen. Überflüssiges Mehl abschütteln. In der Zwiebel-Speckpfanne zuerst Filetscheiben und Bratwürstchen knusprig braten, dann Leberscheiben in ca. 2 Minuten von jeder Seite garen. Noch etwas Bratfett zugeben, zart salzen und die Fleischzugabe um die Rösti legen.

ZEIT:
ca. 45 Minuten

Im Aargau kommen zu den Rösti nur Zwiebeln und manchmal Speck. Und im Appenzell kommt natürlich Appenzeller Käse in die Rösti und dazu Speckwürfel.
Und so hat (fast) jeder Kanton in der Schweiz »seine« Rösti.

Jägermeister, die 3434. von allen Anzeigen.
Statement eines Werbetexters. Ein für allemal:

»Ich trinke Jägermeister, weil der Wal zu den Säugetieren gehört, aber der Hering zu den Bratkartoffeln.«

Uschi's World Fried Potatoes

Von Uschi Mayer

Die 34-jährige deutsche Globetrotterin führte in Indonesien ein Restaurant. Ihr Rezept sandte sie während einer Amerika-Tour ein.

ZUTATEN:
3 – 4 Süßkartoffeln
1 Zwiebel
4 Knoblauchzehen
daumengroßes Ingwerstück
frische Gelbwurzel (oder Kurkumapulver)
3 – 4 Chilis (Paprika, falls es nicht so scharf sein soll)
1 reife Tomate
Sojasaucen süß und salzig
200 g Bambussprossen
Meersalz, Öl

VORBEREITUNG:
Kartoffeln abbürsten, mit der Schale in dünne Scheiben schneiden, dann in kaltes Wasser legen. Zwiebel, Knoblauch, Ingwer, Gelbwurz, Chilis und Tomate im Mörser zu einer Paste verarbeiten und mit Meersalz würzen.

ZUBEREITUNG:
Die Kartoffeln in viel Öl knusprig ausbraten. Dann jeweils eine Handvoll »Paste« in heißem Öl (ca. 3 EL) kurz andünsten und danach auskühlen lassen. Sehr intensiver Geruch! Mit Sojasaucen und etwas Wasser ablöschen. Kartoffeln zugeben und umdrehen. Zudecken, durchziehen und Bambussprossen kurz mitziehen lassen.

Dazu passt Chicken-Curry mit Kokosmilch.

ZEIT:
ca. 35 Minuten

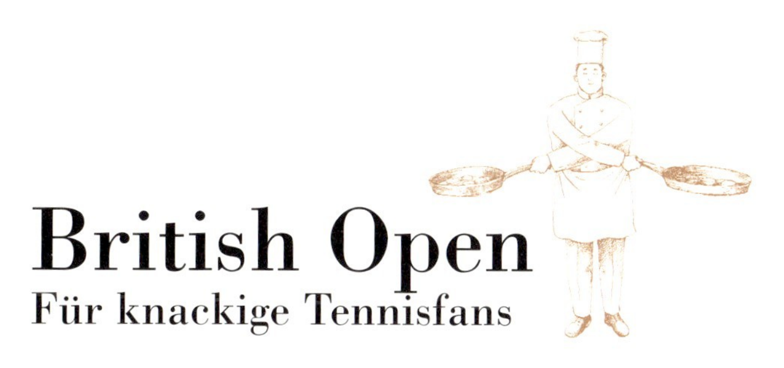

British Open

Für knackige Tennisfans

Achtung! Satire! Nur bei unerwarteter Teilnahme von Steffi Graf oder Boris Becker servieren.

MATERIAL FÜR GEMISCHTES DOPPEL (ZUTATEN):

Mindestens 8 tennisballgroße, englische Süßkartoffeln, auf Ruf werfen die Kinder der Gastgeber weitere zu
250 g Erdbeeren
8 Blatt Gelatine (eingeweicht)
1 Becher saure Sahne (süße nur, wenn Ihre Lieblingsspieler das halbierte Finale überstehen)
80 g ungesalzene Butter

WARM UP (VORBEREITUNG):
Süßkartoffeln kochen, schälen, danach Break: abkühlen lassen. Jede Kartoffel in der Hand drehen und auf Konsistenz prüfen. Erdbeeren waschen und hälften. Im Netz Wasser passieren lassen. Ausgedrückte Gelatine einweichen. Sahne verrühren und kaltstellen.

MATCH-VERLAUF (ZU- BZW. HINRICHTUNG):
Butter in der Pfanne auslassen, Kartoffeln sorgfältig darin drehen, mit Effet placieren und bei brütender Hitze die Farbe eines Dunlop-Tennisballs annehmen lassen. Beschimpfungen nach McEnroe-Art retournieren und cool passieren. Im fünften Satz: gefühlvolle Stop-Einlage: Erdbeeren mit Sahne. Serving for the match. As auf die Tischkante!

ZEIT:
Drei Siegsätze

Prominente

Konservative

Von CDU-Politiker Prof. Dr. Kurt Biedenkopf (beziehungsweise seiner Frau)

ZUTATEN:
1 kg festkochende Kartoffeln
125 g Frühstücksspeck
2 Zwiebeln
Salz, Pfeffer aus der Mühle
Kümmel aus der Mühle
Majoran, gerebelt
Petersilie oder Schnittlauch

VORBEREITUNG:
Die (Anm. des Autors: vermutlich rohen) Kartoffeln waschen und schälen. In etwa 1/2 cm dicke Scheiben schneiden. Den Speck in feine Würfel schneiden. Die Zwiebeln abziehen und in Würfel schneiden.

ZUBEREITUNG:
Den Speck in einer beschichteten Pfanne auslassen. Die Kartoffeln zugeben, salzen und pfeffern. Zugedeckt bei mittlerer Hitze etwa 10 Minuten braten. Zwiebelwürfel dazugeben. Weitere 10 Minuten bei offener Pfanne braten. Mit Kümmel und Majoran würzen.
Vor dem Servieren mit Petersilie oder Schnittlauch bestreuen.

ZEIT:
ca. 30 Minuten

Liberale

Von FDP-Politiker Jürgen W. Möllemann

ZUTATEN:
ca. 1 kg festkochende Kartoffeln
2 mittelgroße Zwiebeln
200 g durchwachsener Speck
Margarine
Salz und Pfeffer
Schnittlauch (optional)

VORBEREITUNG:
Kartoffeln säubern und ca. 20 Minuten mit Schale in Salzwasser kochen.
Danach die Kartoffeln pellen und über Nacht (oder mehrere Stunden) stehenlassen.

ZUBEREITUNG:
Zwiebeln und Speck in Würfel schneiden und in etwas Margarine anbraten.
Die Kartoffeln in mundgerechte Scheiben schneiden, dazugeben, mit Salz und Pfeffer würzen. Kross gebraten, mit etwas Schnittlauch, schmecken die Bratkartoffeln am besten.

ZEIT:
ca. 30 Minuten

Jürgen W. Möllemann:

»Mein Bratkartoffel-Verhältnis ist mir entfallen – solange liegt es schon zurück. Selbst autosuggestive Meditation läßt nicht mehr als die leise Ahnung rückkeimen, daß das Verhältnis besser war als die Bratkartoffeln.«

Halblinke

Von SPD-Politikerin Heide Simonis

ZUTATEN:
*ca. 800 g fest-
kochende Kartoffeln*
100 g Zwiebeln
*100 g durchwachsener
Speck*
70 g Butterschmalz
Kümmel
Salz und Pfeffer

VORBEREITUNG:
Kartoffeln gründlich waschen und mit Salz und Kümmel nicht zu weich kochen.
Die Kartoffeln müssen heiß gepellt und kalt in 3 – 4 Millimeter dicke Scheiben geschnitten werden. In der Zwischenzeit die Zwiebeln schneiden und den Speck in kleine Würfel schneiden. (Tip: den Speck einen Tag in das Tiefkühlfach legen, dann läßt er sich wunderbar ganz klein würfeln.)

ZUBEREITUNG:
Die Pfanne aus Eisen, möglichst nicht beschichtet, da wir nicht im Weltraum braten.
In ihr das Butterschmalz auslassen und den Speck kurz anbraten. Dann die Kartoffelscheiben dazugeben, die Zwiebeln darüber streuen und mit Salz und Pfeffer würzen.
Nach dem ersten Anbraten der Kartoffeln runter mit der Hitze – das Geheimnis der guten Bratkartoffeln ist nicht die Geschwin-

digkeit der Herstellung, nein, hier kann Langsamkeit neu entdeckt werden. Also warten, bis die untere Schicht leicht knusprig und braun wird. Dann sehr sorgfältig mit dem Bratenwender arbeiten – nicht so häufig, aber sorgsam wenden.

Und immer wieder Zeit lassen.

Was dazu? Grenzenlos die Möglichkeiten der Beilagen. Von der schlichten sauren Gurke über Spiegeleier bis zu Roastbeef oder anderen »gehobenen« fleischlichen (aber auch fischigen) Genüssen ist alles denkbar.

Als Getränk würde ich ein kühles Bier und danach einen guten Korn empfehlen. Bei »gehobenen« Beilagen versuchen Sie ruhig einen trockenen Weißen.

Dann wird's sogar ein Festessen.

KEINE ZEITANGABE

Ferrestrische

Vom Vater der Schauspielerin Veronica Ferres

ZUTATEN:
8 große Kartoffeln (festkochend)
1 große Zwiebel
ca. 150 g mittelalter Gouda

VORBEREITUNG:
Kartoffeln fast gar kochen.
Zwiebel und Gouda kleinwürfeln.

ZUBEREITUNG:
Kartoffelscheiben in der Pfanne ohne Fett anbraten, dann Zwiebeln und Gouda dazu und den Käse verlaufen lassen. Mehrfach unterheben. Würzen nach Geschmack.
Dazu: grüner, gemischter oder Tomaten-Salat.

ZEIT:
ca. 35 Minuten

Veronica Ferres, Schauspielerin:

»Mein Bratkartoffelverhältnis ist tief verwurzelt. Da meine Eltern Kartoffelhändler sind, habe ich die Bratkartoffel quasi mit der Muttermilch eingesogen. Mein Vater hat den Spitznamen »Bratkartoffelkönig.« Seine Kochkünste, besser gesagt: Bratkünste, sind im Rheinland berühmt. Wann immer ich den Duft einer Bratkartoffel rieche, fühle ich mich zu Hause und weiß, daß mein Vater in der Nähe sein muß.«

Professionelle

Kleine Witzigmänner

Von Eckart Witzigmann

»Bei meinem Rezept handelt es sich um mein Leibgericht als kleiner Bub, das Tiroler Gröstl. In meiner Kindheit war das Gröstl das typische Montag-Mittagessen, dazu gab es stets einen cremigen Rahmspinat!«

ZUTATEN:
800 g gekochte Kartoffeln
60 g Butter
160 g blanchierter Speck in Streifen
120 g Zwiebeln in Streifen
300 g gekochtes Rindfleisch in Würfeln
3 EL Schnittlauch-Röllchen
8 Eier
Salz, Pfeffer, Majoran

ZUBEREITUNG:
Kartoffeln in Scheiben schneiden und in der Hälfte der Butter goldgelb braten. In einer zweiten Pfanne die Speckstreifen anrösten und auslassen. Zwiebeln und Rindfleischwürfel zugeben und anbraten. Kartoffeln zufügen, mit Schnittlauch vermischen, abschmecken.
In der restlichen Butter die Eier als Spiegeleier braten und auf dem Gröstl servieren.
Statt dem gekochten Rindfleisch kann man das Gröstl auch durch andere Fleisch- oder Fischsorten bereichern: mit Schinkenwurst, Schweinebraten, Geselchtem oder – ganz anders – mit Räucherfischen oder Garnelen.
KEINE ZEITANGABE

Schröder's

Schwarzenbek bei Hamburg (siehe auch »Nachtisch« Landgasthäuser)

»Unser Bratkartoffel-Rezept von Tante Emma ist von Louis Armstrong bei einem Konzert in Lübeck besungen worden. Während einer jazzigen Version von »ein kleiner Husar« kann man auf der Platte ganz deutlich »in Swatzebek, in Swatzebek« hören. Leider konnte das Gerücht, daß Frank Sinatra's »New York, New York« auch von Schwarzenbeker Bratkartoffeln handelte, nie bestätigt werden.«

Zutaten:

1 kg Pellkartoffeln
120 g durchwachsener Speck
Salz
frisch gemahlener weißer Pfeffer
Planzenöl

Zubereitung:

Pellkartoffeln kochen und in Scheiben schneiden (wichtig: lassen Sie die Kartoffeln erst abkühlen!) Speck mit Öl in der Pfanne auslassen, und dann die Kartoffeln zugeben.
Danach mit Salz und Pfeffer abschmecken.
Normalerweise servieren wir unsere Bratkartoffeln mit: hausgemachter Grützwurst (Anm. des Autors: vom Schwein mit Hafergrütze), rosa gebratenem Roastbeef, Sauerfleisch oder Matjes nach Hausfrauenart.

Keine Zeitangabe

Wirtshaus in der Au

München (siehe auch »Nachtisch« Landgasthäuser)

Mutige Münchner Männer zogen einen Treffpunkt im Grünen auf. Das Rezept der Köche Thomas Haber und Anton Stefan.

ZUTATEN:
1 kg Kartoffeln (festkochend)
50 g Schweineschmalz
80 g Zwiebeln, würfelig geschnitten
etwas Kümmel
Salz, Pfeffer
eine Spur Knoblauch
Thymian und Rosmarin
2 EL Petersilie

VORBEREITUNG:
Kartoffeln waschen und kochen, danach auskühlen lassen und schälen.

ZUBEREITUNG:
Kartoffeln kalt in Scheiben schneiden.
Schmalz erhitzen, Kartoffeln darin anbraten.
Nach halber Bratzeit Zwiebeln und Gewürze zugeben.
Goldgelb fertig backen.
Zum Schluß gehackte Petersilie darunter schwenken.

ZEIT:
ca. 45 Minuten

Gestütsgasthof Gulewitsch

Offenhausen/Baden-Württemberg (siehe auch »Nachtisch« Landgasthäuser)

Dies ist das kürzeste Rezept, rein textlich. Der Meisterkoch Frank Gulewitsch empfiehlt dazu zwei Beilagen (siehe Tafelspitz-Sülze und Radiesles-Vinaigrette im Kapitel »Beilagen«, Seite 67 f.). Hier sein Rezept für die gebratenen Kartoffel-Würfel.

ZUTATEN:
1 kg Kartoffeln
(festkochend)
Schmalz
(vom Land-Schwein)
Salz

VORBEREITUNG:
Kartoffeln kochen oder roh lassen.
Schälen und in 0,5 cm dicke Würfel (!) schneiden.

ZUBEREITUNG:
Gußeiserne mit Schmalz erhitzen.
Kartoffelwürfel reingeben, salzen und goldgelb anbraten lassen.
Dabei mehrmals schwenken.

ZEIT:
10 Minuten bei vorgekochten Kartoffeln, bei rohen 15 – 20 Minuten

Raimartihof

Gasthof zum Feldberg/Schwarzwald (siehe auch »Nachtisch« Landgasthäuser)

Bratkartoffeln heißen hier Brägele. Bernhard Andris, Landwirt, Jäger und Koch stellt seine Produkte selbst her. Zu den Brägele serviert er Bibeliskäs, ein Rezept von der Oma, nachzulesen auf Seite 68.

ZUTATEN:
1 kg Pellkartoffeln (im Badischen Herdäpfel oder Grundbirnen genannt – keine zu nassen und mehligen Sorten)
50 g Butterschmalz
weißer Pfeffer, Salz
frische Butter

VORBEREITUNG:
Kartoffeln: am Vorabend kochen und schälen. Am Zubereitungstag in 4 – 5 mm starke Rädle (Scheiben) schneiden.

ZUBEREITUNG:
Brägele in einer großen Eisenpfanne in genügend Butterschmalz braten. Das Fett bis zum Rauchpunkt erhitzen, Kartoffelscheiben zugeben. Nicht zu viele auf einmal einlegen!
Die leicht angebratenen Kartoffelscheiben wenden, darauf achten, daß sie nicht zerfallen. Die Hitze zurücknehmen, 10 – 15 Minuten braten. Vor dem Anrichten noch Landbutter zwischen die Brägele geben.
Zeit:
ca. 20 Minuten

Rezepte

Nachtisch

Bratkartoffel-Landgasthäuser

Es ist unmöglich, alle Gast- und Wirtshäuser aufzuführen, die Bratkartoffeln anbieten. Nachfolgend eine Auswahl von 27 deutschen Landgasthäusern, in denen auch oder speziell Bratkartoffeln auf der Speisenkarte stehen – ohne Gewähr. Quelle, unter anderen: Buch der Redaktion Der Feinschmecker: »Die besten Landgasthäuser« von 1993, und private Hinweise.

Die Adressen und Telefonnummern wurden vom Autor nach der »D-Info 97-Auskunft« auf den Stand von 1998 gebracht. Die Hinweise auf Spezialitäten mit Bratkartoffeln sind Angaben der Gasthäuser (Stand: 1993). Die Ortsangaben wurden vom Autor präzisiert – zum besseren Finden. Die Orte sind alphabetisch geordnet. Die Adressen sind nur als Appetithappen gedacht.

Wenn Sie, verehrte(r) Leser(in), zu dieser Auswahl Korrekturen oder Empfehlungen haben, reichen Sie diese dem Verlag ein:

Walter Hädecke Verlag, Lukas-Moser-Weg 2, D-71263 Weil der Stadt.

In einer etwaigen zweiten Auflage werden Ihre Notizen aufgenommen, selbstverständlich unter Ihrem Namen. Ich bitte nun also die Bratkartoffel-Gemeinde und die Gastwirte um rege Teilnahme – zur Rettung der Bratkartoffel-Kultur.

Alt Reddevitz (auf Rügen, bei Göhren)
Kliesow's Reuse
18586 Alt Reddevitz, Dorfstraße 23 a.
Telefon und Fax 038308–2171.
Dienstag geschlossen.
Charakter: Fischlokal in antiker »Scheune« inklusive Seemannslieder.
Spezialität: Sauer eingelegter Aal mit Bratkartoffeln.

Auggen (im Markgräflerland zwischen Freiburg und Lörrach)
Hotelrestaurant und Weingut Zur Krone
79424 Auggen, Hauptstraße 12.
Telefon 07631–2556 oder 6075,
Fax 12506. Mittwoch geschlossen.
Charakter: Historisches Gasthaus mit eigener Metzgerei und Öko-Weinen (Auggener Schäf).
Spezialität: Leberle mit Bratkartoffeln.

Bad Nenndorf (zwischen Hannover und Stadthagen)
Gasthaus Schmiede Gehrke-Hotel
31542 Bad Nenndorf, Riepener Straße 21.
Telefon 05725–5055.
Montag geschlossen.
Charakter: Gutshöflich, neben dem ambitionierten »La Forge«.
Spezialität: Essefeuer (Kombination aus Kalbshaxe, Rehbraten und Schweinelendchen) mit Champignons in Kräutersoße, Broccoli, Bohnen und Bratkartoffeln.

Blomesche Wildnis (bei Glückstadt an der Elbe)
Op de Deel
25348 Blomesche Wildnis, Am Neuendeich 127. Telefon 04124–8700.
Montag und Dienstag geschlossen.
Charakter: Reetdach-Kate mit Wohnstuben-Charakter.
Spezialität: Krabben, Matjes, Sauerfleisch und Roastbeef mit Bratkartoffeln.

Dorum (bei Bremerhaven)
Friesenhof Cornelius
27632 Dorum, Lührentrift 2.
Telefon 04741–3610. Montag geschlossen.
Charakter: Originales Friesenhaus mit wertvollen Bauernmöbeln.
Spezialität: Opi Hucks Frühstück (eher ein Abendessen) mit Krabben, Kräuterrührei und Bratkartoffeln.

Feldberg (Schwarzwald, zwischen Freiburg und Titisee)
Raimartihof (siehe auch »Professionelle«)
79868 Feldberg, Seesträßle 2.
Telefon 07676–226. Fax 249.
Dienstag und ab 19 Uhr geschlossen.
Charakter: Schwarzwaldhof, in dem Landwirt und Jäger Bernhard Andris Hausgemachtes kocht. Milch- und Butterverkauf. Eine Stunde Wanderweg vom Parkplatz.
Spezialität: Wild od. Bauernwürste, Bibeliskäs und Brägele (badische Bratkartoffeln).

Glückstadt (bei Itzehoe)
Matjes und Champagner
25348 Glückstadt,
Am Hafen 64.
Telefon 04124–1578.
Montag und Dienstag geschlossen.
Charakter: Schlichter Backsteinbau und Gastraum. Nebenan lagern Matjesheringe in Holzfässern.
Spezialität: Glückstädter Matjeshering mit zehn Soßen nach Wunsch und Bratkartoffeln.

Gomadingen (Ortsteil Offenhausen) bei Münsingen auf der Schwäbischen Alb
Gestütsgasthof und Landhotel Gulewitsch
(siehe auch »Professionelle«)
72532 Gomadingen Ortsteil Offenhausen,
Ziegelbergstraße 22.
Telefon 07385–9679–0, Fax 967996.
Mittwoch geschlossen.
Charakter: Gutsherrenhof mit schwäbisch-humorvoller Speisekarten-Literatur, direkt am Museum des Landesgestüts Baden-Württemberg.
Spezialität: Standorttreue Kost. Siehe auch Tafelspitz-Sülze oder Radiesles-Vinaigrette im Kapitel »Beilagen«.

Göttingen
Gasthaus Koch
37077 Göttingen,
Hannoversche Str. 112.
Tel. 0551–380156, Fax 31512.
Charakter: Urwüchsiges Ambiente. Studententreff mit Kegelbahn.
Spezialität: Alles dreht sich um jede Menge köstlicher Bratkartoffeln.

Kernen (im Remstal, zwischen Stuttgart und Weinstadt)
Idler
71394 Kernen, Ortsteil Stetten,
Dinkelstraße 1–3.
Telefon 07151–402018.
Montag und Dienstag mittags geschlossen.
Charakter: Französisch und gutbürgerlich, eigener Weinanbau.
Spezialität: Gebratene Wachtel und saure Kutteln mit Bratkartoffeln.

Kirchheim unter Teck (zwischen Stuttgart und Ulm)
Altes Rathaus Weinstube
73230 Kirchheim unter Teck,
Weilheimer Straße 18.
Telefon 07021–58721, Fax 53242.
Montag und Dienstag geschlossen.
Charakter: Fachwerkhaus am Bach.
Spezialität: Rostbraten, Sülze mit Bratkartoffeln.

Lembruch (bei Osnabrück)
Landhaus Götker
49459 Lembruch, Tiemannshof 1.
Telefon 05447–1257. Mo und Di mittags geschlossen.
Charakter: Fachwerk-Bauernhaus am Dümmersee mit Jugendstil-Interieur. Feine Regionalküche.
Spezialität: Terrine vom Dümmerhecht und zweierlei Aal mit Bratkartoffeln.

Lilienthal (bei Bremen)
Zur Schleuse
28864 Lilienthal, Truperdeich 35.
Telefon 04298–2025. Kein Ruhetag.
Charakter: Reetgedecktes Haus auf dem Deich, eigene Metzgerei.
Spezialität: Knipp, Beutelwurst, Sülze mit Bratkartoffeln und Gurke.

München
Wirtshaus in der Au
(siehe auch »Professionelle«)
81669 München, Lilienstraße 51.
Telefon 089–4481400, Fax 4482400.
Charakter: Uriges Haus im Grünen.
Spezialität: Deftige Kost.

Nordenham (bei Bremen)
Landhaus Tettens
26954 Nordenham, Am Dorfbrunnen 17.
Telefon 04731–39424,
Fax 31740, D1Fu 0171–6420728.
Montag geschlossen.
Charakter: Zweiständerhaus von 1737 am Deich, reichhaltige, heimelige Einrichtung.
Spezialität: Hausgeräucherte Forellen, Krabben mit Rührei und Bratkartoffeln.

Ockholm (Nordsee, zwischen Husum und Niebüll)
Gasthaus Bongsiel
J. Tharmsen (Dat Swarte Peerd)
25842 Ockholm, Am Kanal 2.
Telefon 04674–1445.
Im Winter Dienstag geschlossen.
Charakter: Wirklich malerischer Gasthof seit 1903, hinterm Deich. Kunstmaler (unter anderem Emil Nolde) hinterließen 150 Originale als Bezahlung ihrer Zechen.
Spezialität: Aal, Krabben, Seezunge, Scholle, Matjes mit Bratkartoffeln.

Raesfeld (Münsterland, zwischen Borken und Dorsten)
Adelheids Spargelhaus
46348 Raesfeld, Ortsteil Erle,
Gut Bröckenhof, Rhader Straße 67.
Telefon 02865–8011. Kein Ruhetag.
Charakter: Gasthof von 1824, westfälische Landkost.
Spezialität: Buchweizen- oder Speckpfannkuchen, Pfefferpothast, Sülze mit Bratkartoffeln.

Reichelsheim (im Odenwald, zwischen Bensheim und Michelstadt)
Treusch im Schwanen
64385 Reichelsheim, Rathausplatz 2.
Telefon 06164–2226, Fax 809.
Donnerstag u. Freitag mittags geschlossen.
Charakter: Ländliches Gasthaus mit moderner Regionalküche.
Spezialität: Rinderfilet im Kräuterschaum mit Bohnen und Bratkartoffeln.

Schliengen (in Baden, zwischen Freiburg und Lörrach)
Krone
79418 Schliengen, Ortsteil Mauchen, Müllheimer Straße 6. Telefon 07635–9899.
Montag und Dienstag geschlossen.
Charakter: In dieser kleinen Bauernwirtschaft wird jeder Gast mit Handschlag begrüßt.
Spezialität: Schnitzel und Bratkartoffeln.

Schmallenberg (im Sauerland, zwischen Lennestadt und Winterberg)
Café-Restaurant Stoffels seit 1691
57392 Schmallenberg, Weststraße 29.
Telefon 02972–5930. Kein Ruhetag.
Charakter: Deftig, auch bekannt für guten Kuchen.
Spezialität: Gebratene Rinderwurst mit Zwiebeln und Bratkartoffeln.

Waldhaus Ohlenbach
57392 Schmallenberg, Ortsteil Ohlenbach.
Telefon 02975–840, Fax 8848.
Kein Ruhetag.
Charakter: Gastfreundschaft, Küche und Lage sind formidabel.
Spezialität: Westfälischer Pfefferpothast mit Bratkartoffeln.

Schnarup-Thumby (zwischen Schleswig und Flensburg)
Schlie Krog
24351 Thumby, Ortsteil Sieseby, Dorfstraße 19. Tel. 04352–2531, Fax 1580.
Montag, im Winter auch Dienstag geschlossen.
Charakter: Klein und fein nach Gutsherrenart.
Spezialität: Saure Rippchen mit Bratkartoffeln.

Schwarzenbek (zwischen Hamburg und Lauenburg)
Schröder's Restaurant (siehe auch »Professionelle«)
21493 Schwarzenbek, Compestraße 6, Telefon 04151–880800. Fax 880850.
Montag ist Ruhetag.
Charakter: Zwanziger Jahre. Kutscherstube. Familienbetrieb seit 1861.
Spezialität: Grützwurst mit Bratkartoffeln und Apfelmus.

Seevetal (zwischen Hamburg und Winsen an der Luhe)
Zum 100jährigen
21218 Seevetal, Ortsteil Hittfeld, Harburger Straße 2.
Telefon 04105–2300.
Montag und Dienstag geschlossen.
Charakter: Fachwerk aus dem 18. Jahrhundert, Wohnstuben-Atmosphäre mit viel Kleinkram. Eigene Schlachtung.
Spezialität: Fleisch und Wurst mit Bratkartoffeln.

Steinheim (zwischen Backnang und Bietigheim)
Hotel-Restaurant Wirtshäusle
71711 Steinheim an der Murr, Ortsteil Sontheim, Wirtshäusle 1 (an der B 466).
Telefon 07329–285 oder 5041.
Sonntag geschlossen.
Charakter: Traditioneller Dorfgasthof mit modernem Hotel und Restaurant.
Spezialität: Saure Kutteln mit Bratkartoffeln.

Warstein (im Hochsauerland)
Cramer
59581 Warstein, Ortsteil Hirschberg, Prinzenstraße 2. Telefon 02902–2041.
Die. und Mittwoch mittags geschlossen.
Charakter: Ein Fachwerkbau aus dem 18. Jahrhundert.
Spezialität: Pfanne mit Bratkartoffeln, Schinken, Ei, Blut- und Leberwurst.

Winsen an der Luhe
Maack-Kramer's Landgasthof
21423 Winsen an der Luhe, Ortsteil Pattensen, Blumenstraße 2.
Telefon 04173–239. Montag geschlossen.
Charakter: Backstein-Gasthaus von 1888.
Spezialität: Wild oder Lamm in Joghurtsoße und (berühmte) Bratkartoffeln.

Gerald Nelsen, Niederrheinischer Student der Medientechnik:

Verbruzzelt war die letzte Knolle
Ein Rülpser nach finalem Schmatz
Er schüttelte die Dichtertolle
Der schönste ist der letzte Satz

Etymologie der Bratkartoffel

Woher das altgermanische Substantiv »Braten« herkommt, ist ungeklärt, schreiben die etymologischen Bücher – die man beim Kochen natürlich stets zur Hand hat.

Aber weil wir Deutsche gründlich bis in den Unsinn sind, wollen wir wissen, woher es kommt, was wir tun.

Das Verb hat also nichts gemein mit dem Substantiv.

Soso.

Warum nicht? Braten in seinem Ursprung will nicht verwandt sein mit braten. Das Substantiv Braten kommt aus dem mittelhochdeutschen bräte, geht ins althochdeutsche bräto über, was »schieres Fleisch, Weichteile« bedeutete.

Wußte ich es doch: Bratkartoffeln (an)machen hat was Erotisches. Knusprig, knusprig!

Es geht wissenschaftlich weiter. Wir sind wieder beim Substantiv. Mittelniederländisch bräde »Wade, Muskel, Fleisch«, altenglisch bræd »Fleisch« und altisländisch – wenn Sie das bitte eben gerade noch zur Kenntnis nehmen wollen – bräd steht auch für »Fleisch«.

Man hält es nicht für möglich: Erst die »Bratwurst« schafft die Moderation zwischen Substantiv und Verb.

Weil es eigentlich im Mittelhochdeutschen – und nur durch Anlehnung an das Verb – eine Fleischwurst war, die angebraten wurde.

Potatosaurus Rex

Man sagte damals, alt- und mittelhochdeutsch, brätwurst.

Hm.

Das fette Verb »braten« hingegen stammt aus dem westgermanischen bräten, althochdeutschen brätan, niederländischen braden, altenglischen brædan und meint ursprünglich brodem, also brühen. Außergermanisch ist »braten« eng verschmolzen mit dem lateinischen fretum (Wallung, Hitze). Das lateinische fretale ist nichts anderes als eine Bratpfanne. (Kleiner Scherz: Eine kaputte Bratpfanne ist eine letale fretale.) Im Ernst: Die Altisländer sagten bræda, wenn sie schmelzen oder teeren meinten.

Das Anbrennen kannten also schon die Isländer, sprachen aber die Wahrheit: sie teerten.

Nun wollen Sie sicherlich noch in Ihrem unerschütterlichen Wissensdurst erfahren, woher der Bratenrock kommt.

Eine verrockte Geschichte. Ende des 18. Jahrhunderts trugen festliche Männer einen festlichen Rock zu festlichen Essen, bei denen festliche Braten festlich serviert wurden.

Diese meist graue oder schwarze (angebrannte?), weit über das Gesäß hinaus verlängerte Kleidung kannten die 17. Jahrhundertjährigen freilich schon als Bratenwams.

Und nun zu »Kartoffel«.

Wie schon unter dem passenden Begriff »Kulturbanausen« (S.17) erwähnt, kommt die Kartoffel aus Südamerika. Sprachlich hat K. zwei Abstammungslinien.

Eine Linie vermuten die Etymologen in Hawaii. Die Ureinwohner sprachen ihre Süßkartoffeln mit batata an, was dann im Spanischen zu patata wurde. Als potato kam die Kartoffel in England an.

Die andere Linie entwickelte sich aus dem Ketschua der Inkas, das sich spanisch fortpflanzte, nämlich papa. Diese Bezeichnung blieb den Spaniern vorbehalten.

Ich vermute, dies ist ein unwissenschaftlicher Aspekt, daß sich die Italiener dieser Bezeichnung nicht anschließen konnten. Schließlich entschcidct dic Sprechweise über einen – früher beiderseits praktizierten – Stand: papá (leiblicher Vater) oder pàpa (Papst). Der erfreulich kurz anklingende oder der schwere Akzent entschied also über Fluch und Segen. Das war früher durchaus mal die Frage. Beziehungsweise: Im Falle eines Falles setzte dies ein papábiles (Bratkartoffel-) Verhältnis voraus. Das Sprachproblem konnte mit einer namentlichen Verwandtschaft zu Erdäpfeln einfach nicht gelöst werden.

Die Italiener nannten die Kartoffel also früher tartufo, womit sie eigentlich die Trüffel meinten. Eine Verwechslung oder eine Fehlstunde in Latein, denn bei ihren Vorfahren hieß der Trüffelpilz terrae tufer. Sinnigerweise bedeutet tartufo im Neu-Italienischen auch »Schnüffler« oder auch »Heuchler«. Zur Kartoffel sagen sie heute, um allen Verwechslungen zu entgehen, patata.

Durch sprachliche Dissimilation (Auflösung) entstand über Tartüffel und später Tartuffel die »Kartoffel«.

Die neuhochdeutsche Kartoffel trägt regionale Dialekte: die Rheinhessen, Pfälzer und Schwaben sagen zu ihr Krumbeere. Übersetzt heißt dies: Grundbeere. Andere Bezeichnungen: Erdapfel, Erdbirne.

Für die Franzosen ist die Kartoffel auch ein Erdapfel: pomme de terre. Die Niederelsässer jedoch nennen sie: Grumbeere (siehe oben) und die Oberelsässer: Hardäpfel.

Der alte Preusse Fritz schätzte das Französische sehr. Ich vermute daher: Die sprachlich und kulinarisch fragwürdige Verbindung frittierter Pommes mit Ketchup oder Mayonnaise heißt pommes frittes, gesprochen: pomm fritz.

Jetzt habe ich Ihnen aber was ver(b)raten!

Tut mir leid: Sie wollten es ja genau wissen.

Heinz Ehrhard, unsterblicher Komiker:

Noch 'n Gedicht:

Vom Alten Fritz, dem Preussen-König,
weiß man sehr viel, doch viel zu wenig.
Drum ist es zum Beispiel nicht bekannt,
daß er die Bratkartoffeln erfand.
Drum heißen sie auch – das ist kein Witz –
Pommes Frittes.

Fremdwörter

Natürlich brauchen Sie bei Auslandsreisen auch das nötige gourmet-fremdsprachliche Rüstzeug. Aber Sie erwarten bitte nicht, daß Japaner, Chinesen oder Maori eine Entsprechung für Bratkartoffeln kennen. Es gibt dort keine. Ich bemühte mich, wenigstens in einigen Fremdsprachen so etwas wie eine wörtliche Ähnlichkeit zu »Bratkartoffel« oder »gebackene Kartoffeln« zu finden. Was Sie dann eventuell serviert bekommen, kann etwas völlig anderes sein. Sie sollten Bratkartoffeln wieder da essen, wo sie herkommen: zu Hause. Dieser Nachtisch ist nur für jene gedacht, die ihren fremden Freunden erzählen wollen, was sie zu Hause essen.

Achtung: der entsprechende Wortstamm von »Frittes« verführt Kellner dazu, auch Fritten zu servieren.

Ich entschuldige mich präventiv bei Russen und Griechen, daß in meinem Textprogramm weder kyrillische noch griechische Buchstaben enthalten sind. Und für fehlende Akzente.

Englisch: *fried potatoes*, oder *hush brownies oder sautéed potatoes*
Französisch: *pommes de terre sautées* **oder** *pommes de terre rissolées*
Spanisch: *patatas doradas*
Italienisch: *patate dorate* (nicht fritte!)
Portugiesisch: *batatas fritas*
Holländisch: *gebakken aardappelen*
Türkisch: *potates kizartmasti*
Ungarisch: *sült burgonya*
Rumänisch: *cartofi praitj* (gesprochen: *praitsch*)
Schwedisch: *stekt potatis*
Norwegisch: *smazone kartofle*
Finnisch: *paistin perunat*
Polnisch: *patelnia ziemniak*

Rezepte von A bis Z

Literaturhinweise

Dies sind unverbindliche Hinweise und nicht notwendigerweise Empfehlungen. Alle Angaben sind entnommen aus »ABC-Bücherdatenbank 1997« von Telebuch ABC-Bücherdienst.

»Die besten Landgasthäuser. 200 Ausflugsziele, ausgewählt von Der Feinschmecker. Die knusprigsten Bratkartoffeln, die zartesten Hechtklößchen.« 1993, RV-Verlag.

»Das große Kartoffel-Kochbuch« von essen & trinken, 1996, Verlag Naumann und Goebel.

»Das kleine Kartoffelbuch« von Sylvia Lickem, 1995, Tyrolia-Verlag.

»Dr. Kartoffel erklärt uns die Welt« von Hans Kantereit, 1994, Verlag Weißer Stein.

»Kartoffel & Co. Die Schätze des Kolumbus« von Eleonore Schmitt, 1993, W. Ennsthaler Verlag.

»Kartoffel« von Sabine Latorre und Annerose Naber, 1996, ALS-Studio-Reihe.

»Köstliche Kartoffelküche«, 1997, Mosaik-Verlag.

»Cotta's kulinarischer Almanach«, jährlich herausgegeben von Vincent Klink und Stephan Opitz, Klett-Cotta-Verlag.

Impressum:

Cartoons: Jiří Slíva, Prag.
Lektorat und Layout: Mo Graff, Weil der Stadt
Satz: Rund ums Buch – Rudi Kern, Kirchheim/Teck
Druck: Röck, Weinsberg
Printed in Germany, 1999
ISBN 3-7750-0319-3

Rezepte und Geschichten

Die Allerwelts-Köche
Von Heidi Bauerle
Essen und Trinken verbindet:
Kulinarische Völkerverständigung.
96 Seiten mit vielen s/w-Zeichnungen,
14,5 x 21,5 cm, Glanzeinband.
DM 19,80/SFR 19,80/öS 145,-
ISBN 3-7750-0286-3

Morgenmuffels Muntermacher
Von Heidi Bauerle
Schmunzelnd den Tag beginnen
mit internationalen Frühstücks-
rezepten.
96 Seiten mit vielen s/w-Zeichnun-
gen, 12 x 21 cm Glanzeinband.
ISBN 3-7750-0256-1

Ofenschlupfer
und Moschtköpf
Von Heide Bauerle
Schwäbische Küche mit Witz!
110 Seiten mit s/w-Zeichnungen
und Vignetten, 12 x 21 cm,
Glanzeinband.
ISBN 3-7750-0247-2

Die kulinarischen Abenteuer
des Fra Bartolo
Von Leonhard Reinirkens
Genüßliche Geschichten vom sinnesfrohen
Klostergärtner Fra Bartolo nach der beliebten
Rundfunkserie. Rund 50 Rezepte für
Köstlichkeiten der italienischen Küche.
300 Seiten, illustriert von T. Munzlinger,
14 x 21 cm, Efalin mit Schutzumschlag,
ISBN 3-7750-0173-5 – 7. Auflage!

»Ein literarischer Leckerbissen –
ein schönes Geschenk für alle, die an
gutem Essen und unterhaltsamer Lektüre
Freude haben.« *Kochpraxis, 9/98*

HÄDECKE-BÜCHER MACHEN APPETIT!